Rudolf Steiner Taschenbücher
aus dem Gesamtwerk

Rudolf Steiner

Mysteriendramen I

Die Pforte der Einweihung

Die Prüfung der Seele

RUDOLF STEINER VERLAG

Herausgegeben von der Rudolf Steiner Nachlassverwaltung

Ungekürzte Ausgabe nach dem gleichnamigen Band der
Rudolf Steiner Gesamtausgabe, Bibliographie-Nr. 14,
5. Auflage, Dornach 1998

Taschenbuchausgabe
5. Auflage 2014

Die Siegel-Zeichnungen wurden für die Erstausgaben der
vier Mysteriendramen 1910–1913 von Rudolf Steiner enworfen.
Die Angaben rechts und links in den Regieanweisungen sind aus
der Perspektive der Zuschauer zu verstehen.

Umschlaggestaltung: Finken & Bumiller, Stuttgart
Printed in Germany by Druckhaus Nomos, Sinzheim
ISBN 978-3-7274-6071-5

www.steinerverlag.com

Das erste Mysteriendrama wurde von Rudolf Steiner im Jahre 1910 verfaßt; 1911 folgte das zweite Drama, 1912 und 1913 das dritte und vierte Drama. Die Uraufführungen der vier Mysteriendramen fanden unter der Leitung von Rudolf Steiner in München als geschlossene, nur für Mitglieder der Theosophischen, ab 1913 der Anthroposophischen Gesellschaft zugängliche Veranstaltungen statt:

Die Pforte der Einweihung	Schauspielhaus	15. Aug. 1910
Die Prüfung der Seele	Gärtnerplatz-Theater	17. Aug. 1911
Der Hüter der Schwelle	Gärtnerplatz-Theater	24. Aug. 1912
Der Seelen Erwachen	Volkstheater	22. Aug. 1913

Für den Sommer 1914 war die Aufführung des fünften Myste-riendramas geplant. Rudolf Steiner hatte wie in den früheren Jahren vor, es vor Beginn der Proben niederzuschreiben. Da brach im August der erste Weltkrieg aus. Die Festspielveranstaltungen mußten abgesagt werden, und die Niederschrift des vollständig konzipierten Dramas unterblieb.

Die für den Sommer 1923 im neuen Goetheanum in Dornach geplante Gesamtaufführung der vier Dramen, zu der Rudolf Steiner bereits mit den Vorbereitungen begonnen hatte, kam durch den Brand des Baues in der Silvesternacht 1922/23 nicht zustande.

Nach dem Tode Rudolf Steiners (1925) wurden zur Eröffnung des zweiten Goetheanum in Dornach (1928) unter der Leitung von Marie Steiner-von Sivers die beiden ersten Mysteriendramen aufgeführt, etwas später das dritte und vierte Drama:

Die Pforte der Einweihung	am 30. September 1928
Die Prüfung der Seele	am 4. Oktober 1928
Der Hüter der Schwelle	am 29. September 1929
Der Seelen Erwachen	am 10. Juni 1930

Eine Gesamtaufführung der vier Dramen fand zum ersten Male zu Weihnachten 1930 für die Mitglieder der Allgemeinen Anthroposophischen Gesellschaft statt und für die Öffentlichkeit am 6., 8., 11. und 14. August 1934.

Die vier Mysteriendramen werden seither im Goetheanum als öffentliche Veranstaltungen regelmäßig zur Aufführung gebracht.

INHALT

DIE PFORTE DER EINWEIHUNG (INITIATION)

Ein Rosenkreuzermysterium

DIE PRÜFUNG DER SEELE

Szenisches Lebensbild als Nachspiel zur «Pforte der Einweihung»

DIE PFORTE DER EINWEIHUNG
(INITIATION)

EIN ROSENKREUZERMYSTERIUM

DURCH

RUDOLF STEINER

PERSONEN

a) DES VORSPIELES UND ZWISCHENSPIELES:

Sophia
Estella
Zwei Kinder

b) DES MYSTERIUMS:

Johannes Thomasius
Maria
Benedictus
Theodosius, dessen Urbild im Verlaufe als Geist der Liebe sich offenbart
Romanus, dessen Urbild im Verlaufe als Geist der Tatkraft sich offenbart
Retardus, nur als Geist wirksam
German, dessen Urbild im Verlaufe als Geist des Erdgehirns sich offenbart
Helena, deren Urbild im Verlaufe als Lucifer sich offenbart

Philia	Freundinnen Marias, deren Urbilder
Astrid	im Verlaufe als Geister von
Luna	Marias Seelenkräften sich offenbaren

Professor Capesius
Doktor Strader
Felix Balde, der sich als ein Träger des Naturgeistes offenbart
Frau Balde
Die andre Maria, deren Urbild im Verlaufe sich als Seele der Liebe offenbart
Theodora, Seherin
Ahriman, nur als Seele wirksam gedacht
Der Geist der Elemente, nur als Geist wirksam gedacht
Ein Kind, dessen Urbild im Verlaufe als junge Seele sich offenbart.

VORSPIEL

Zimmer der Frau Sophia, in gelbrötlichem Farbenton gehalten. Sophia mit ihren beiden Kindern, einem Knaben und einem Mädchen, dann Estella.

SINGEN DER KINDER

(Sophia begleitet auf dem Klavier):

Der Sonne Licht durchflutet
Des Raumes Weiten,
Der Vögel Singen durchhallet
Der Luft Gefilde,
Der Pflanzen Segen entkeimet
Dem Erdenwesen,
Und Menschenseelen erheben
In Dankgefühlen
Sich zu den Geistern der Welt.

SOPHIA:

Und nun, Kinder, geht in eure Stube und überdenkt die Worte, die wir eben geübt haben.

(Sophia geleitet die Kinder hinaus, Estella tritt ein.)

ESTELLA:

Sei mir gegrüßt, meine liebe Sophie. Ich störe dich doch nicht.

SOPHIA:

Nein, meine gute Estella. Sei mir herzlich willkommen.

(Fordert Estella zum Sitzen auf und setzt sich selbst.)

ESTELLA:

Hast du gute Nachrichten von deinem Manne?

SOPHIA:

Recht gute. Er schreibt mir, daß der Kongreß der Psychologen ihn interessiere, trotzdem die Art, wie da manche große Frage behandelt wird, wenig ansprechend sei. Ihn als Seelenforscher interessiert aber gerade, wie die Menschen sich durch eine bestimmte Weise geistiger Kurzsichtigkeit die freie Aussicht auf die eigentlichen Geheimnisse unmöglich machen.

ESTELLA:

Nicht wahr, er hat doch vor, selbst über ein wichtiges Thema zu sprechen?

SOPHIA:

Ja, über ein Thema, das ihm und auch mir sehr wichtig scheint. Eine Wirkung verspricht er sich allerdings nicht von seinen Ausführungen, in Anbetracht der wissenschaftlichen Vorstellungsarten der Kongreßteilnehmer.

ESTELLA:

Es führt mich ein Wunsch zu dir, meine liebe Sophie. Könnten wir diesen Abend nicht gemeinsam verbringen? Es ist heute die Aufführung der «Enterbten des Leibes und der Seele», und du könntest mir keine größere Freude machen, als wenn du mit mir zusammen die Vorstellung besuchen wolltest.

SOPHIA:

Es ist dir entfallen, liebe Estella, daß heute abend gerade für unsere Gesellschaft selbst die Aufführung ist, auf die wir uns seit langer Zeit vorbereitet haben.

ESTELLA:

Ach ja, das hatte ich vergessen. So gern hätte ich diesen Abend mit der alten Freundin verlebt. Ich freute mich von ganzem Herzen, an deiner Seite in die tiefen Untergründe unseres gegenwärtigen Lebens zu schauen. – Doch deine mir so fremde Ideenwelt wird auch noch den letzten Rest des schönen Bandes zerstören, das unsere Herzen verknüpft, seit wir zusammen auf der Schulbank gesessen.

SOPHIA:

Das sagtest du mir schon oft; doch hast du mir immer wieder zugeben müssen, daß unsere Meinungen keine Scheidewand aufzurichten brauchten zwischen den Gefühlen, welche seit der gemeinsam verlebten Jugend in jeder von uns für die andere leben.

ESTELLA:

Es ist wahr, das habe ich oft gesagt. Doch erweckt es mir immer wieder Bitternis, wenn ich sehen muß, wie mit jedem Jahre fremder dein Empfinden wird allem, was mir im Leben wertvoll scheint.

SOPHIA:

Wir könnten einander eben dadurch viel sein, daß wir uns gegenseitig gelten ließen in dem, wozu unsere verschiedenen Anlagen uns geführt.

ESTELLA:

Ach, oft lasse ich mir von meinem Verstande sagen, daß du darinnen recht hast. Und doch ist etwas in mir, was sich auflehnt gegen die Art, wie du das Leben betrachtest.

SOPHIA:

Gib dir doch ernstlich einmal zu, daß du damit eigentlich von mir die Verleugnung meines innersten Wesenskernes verlangst.

ESTELLA:

Ja, ich wollte das auch alles gelten lassen, wenn nur eines nicht wäre. Ich kann mir ganz gut denken, daß Menschen verschiedener Vorstellungsarten sich in völliger Sympathie der Gefühle begegnen. Deine Ideenrichtung legt dir aber förmlich die innere Verpflichtung zu einer gewissen Überhebung auf. Andere Menschen können ganz gut so zueinander stehen, daß sie von ihren Ansichten denken, diese seien durch verschiedene mögliche Standpunkte bedingt und stehen als gleichberechtigt nebeneinander. Deine Anschauung aber gibt sich allen anderen gegenüber als die tiefere. Sie sieht in den andern nur Ausflüsse eines untergeordneten menschlichen Entwicklungsgrades.

SOPHIA:

Aus dem, was wir so oft besprochen, könntest du aber wissen, daß meine Gesinnungsgenossen den Wert des Menschen im letzten Grunde doch nicht nach seiner Meinung und seinem Wissen bemessen. Und wenn wir auch unsere Ideen als diejenigen betrachten, ohne deren lebendige Erfassung alles andere Leben ohne rechten Grund ist, so bemühen wir uns doch so ernstlich als möglich, den Menschen deshalb nicht zu überschätzen, weil er sich zum Werkzeug gerade unseres Lebensinhaltes machen darf.

ESTELLA:

Das scheint alles schön gesprochen. Es will mir aber einen Argwohn nicht nehmen. Denn ich kann mich davor nicht verschließen, daß eine Weltansicht, welche sich eine unbedingte Tiefe zuschreibt, nur auf dem Umweg einer vorgetäuschten Tiefe zu einer gewissen Oberflächlichkeit führen muß. Du bist mir eine viel zu liebe Freundin, als daß ich dir kommen möchte mit dem Hinweis auf diejenigen deiner Gesinnungsgenossen, die auf eure Ideen schwören und den geistigen Hochmut in schlimmster Art zur Schau tragen, trotzdem die Leerheit und Banalität ihrer Seele aus jedem ihrer Worte und aus ihrem ganzen Verhalten spricht. Und auch darauf will ich dich nicht weisen, wie stumpf und gefühllos gegen ihre Mitmenschen gerade manche eurer Anhänger sich zeigen. Deine große Seele hat sich ja doch niemals dem entziehen können, was das tägliche Leben nun einmal von jedem Menschen verlangt, der im echten Sinne als ein guter bezeichnet werden muß. Doch gerade, daß du mich heute allein läßt, da, wo echtes, künstlerisches Leben spricht, das zeigt mir auch an dir, daß eure Ideen doch gegenüber diesem Leben – verzeihe das Wort – eine gewisse Oberflächlichkeit erzeugen.

SOPHIA:

Und wo liegt diese Oberflächlichkeit?

ESTELLA:

Du solltest doch wissen, da du mich so lange kennst, wie ich mich losgerungen von einer Lebensart, die von Tag zu Tag nur jagt nach dem, was Herkommen und banale Meinungen vorschreiben. Ich habe gesucht, kennenzulernen, warum so viele Menschen anscheinend unverdient leiden müssen. Ich bestrebte mich, den Niederungen und den Höhen des Lebens nahezutreten. Ich habe auch die Wissenschaften, soweit sie mir zugänglich sind, befragt, um allerlei Aufschlüsse zu erlangen. – Nun, halten wir uns an Einen Punkt, der gerade durch diesen Augenblick geboten ist. Es ist mir bewußt geworden, was echte Kunst ist. Ich glaube zu verstehen, wie sie das Wesen des Lebens erfaßt und die wahre, die höhere Wirklichkeit vor unsere Seele hinstellt. Ich meine den Pulsschlag der Zeit zu spüren, wenn ich solche Kunst auf mich wirken lasse. Und mir graut, wenn ich nun denken soll: Du, meine liebe Sophie, ziehst diesem Interesse an lebensvoller Kunst etwas vor, was mir doch nichts anderes zu sein scheint als die abgetane lehrhaft-allegorische Art, welche puppenhafte Schemen statt lebendiger Menschen betrachtet und sinnbildliche Vorgänge bewundert, die fernstehen allem, was im Leben täglich an unser Mitleid, an unsere tätige Anteilnahme sich wendet.

SOPHIA:

Meine liebe Estella, du willst eben nicht begreifen, daß da erst das reichste Leben sein kann, wo du nur ausgeklügelte Gedanken siehst. Und daß es Menschen geben darf, welche deine lebensvolle Wirklichkeit dann arm nennen müssen, wenn sie nicht gemessen wird an dem, woraus sie eigentlich hervorsprudelt. Es mag dir manches herb klingen an meinen Worten. Allein unsere Freundschaft fordert ungeschminkte Aufrichtigkeit. Du kennst, wie so viele, von dem, was Geist genannt wird, nur das, was Träger des Wissens ist; du hast nur ein Bewußtsein von der Gedankenseite des Geistes. Auf den lebendigen, den schöpferischen Geist, der Menschen gestaltet mit elementarer Macht, wie Keimeskräfte in der Natur Wesen gestalten, willst du dich nicht einlassen. Du nennst wie so viele zum Beispiel in der Kunst das naiv und ursprünglich, was den Geist in meiner Auffassung verleugnet. Unsere Art der Weltauffassung vereinigt aber volle bewußte Freiheit mit der Kraft des naiven Werdens. Wir nehmen bewußt in uns auf, was naiv ist, und berauben es dadurch nicht der Frische, Fülle und Ursprünglichkeit. Du glaubst, man könne sich nur Gedanken über einen menschlichen Charakter machen: dieser aber müsse sich gleichsam von selbst formen. Du *willst* nicht einsehen, wie der Gedanke in den schaffenden Geist taucht, an des Daseins Urquell rührt und sich entpuppt als der schöpferische Keim selbst. – So wenig die Samenkräfte die Pflanze erst *lehren*, wie sie wachsen soll, sondern sich als lebendig Wesen in ihr erweisen, so *lehren* unsere Ideen nicht: sie ergießen sich, Leben entzündend, Leben spendend in unser Wesen. Ich verdanke den Ideen, die mir zugänglich geworden sind, alles, was mir das Leben sinnvoll erscheinen läßt. Ich verdanke ihnen den Mut nicht nur, sondern auch die *Einsicht* und die *Kraft*, die mich hoffen lassen, aus meinen Kindern Menschen zu machen, die nicht nur im hergebrachten Sinne arbeitstüchtig und für ein äußeres Leben brauchbar sind, sondern die innere Ruhe und Befriedigung in der Seele tragen werden. Und, um nicht in alles mögliche zu verfallen, will ich dir nur noch sagen: Ich glaube zu wissen, daß die Träume, welche du mit so vielen teilst, sich nur dann verwirklichen können, wenn es den Menschen gelingt, das, was sie Wirklichkeit und Leben nennen, anzuknüpfen an die tieferen Erfahrungen, die du Phantastereien und Schwärmereien so oft genannt hast. Es mag dir sonderbar erscheinen, wenn ich dir gestehe, daß ich so manches, was dir echte Kunst dünkt, nur als unfruchtbare Lebenskritik empfinde. Denn es wird kein Hunger gestillt, keine Träne getrocknet, kein Quell der Verkommenheit geschaut, wenn man bloß die Außenseite des Hungers, der tränenvollen Gesichter, der verkommenen Menschen auf den Brettern zeigt. *Wie* das gewöhnlich gezeigt wird, steht den wahren Tiefen des Lebens und den Zusammenhängen der Wesenheiten unsäglich ferne.

ESTELLA:

Wenn du so sprichst, bist du mir nicht etwa unverständlich, sondern du zeigst mir nur, daß du eben doch lieber in Phantasien *schwelgen* willst, als des Lebens Wahrheit schauen. Auf diesen Wegen gehen wir ja doch auseinander. – Ich muß heute abend auf meine Freundin verzichten. (Aufstehend.) Jetzt muß ich dich verlassen; ich denke, wir bleiben doch die alten Freundinnen.

SOPHIA:

Wir müssen es wirklich bleiben.

(Während die letzten Worte gesprochen werden, geleitet Sophia die Freundin zur Türe. Der Vorhang fällt.)

ERSTES BILD

Zimmer in rosenrotem Grundton, rechts, vom Zuschauer aus gemeint, die Tür zu einem Versammlungssaal; die Personen kommen aus diesem Saal nach und nach heraus; eine jede verweilt noch einige Zeit in diesem Zimmer. Während dieses Verweilens sprechen sich die Personen über mancherlei aus, was in ihnen durch eine Rede angeregt worden ist, die sie in dem Versammlungssaal gehört haben. Maria und Johannes kommen zuerst, dann treten andere hinzu. Es ist die gehaltene Rede seit einiger Zeit zu Ende, und die folgenden Reden sind Fortsetzungen von Gesprächen, welche die Personen schon im Versammlungssaal geführt haben.

MARIA:

So nahe geht es mir, mein Freund,
Daß ich dich welken seh' an Geist und Seele.
Und fruchtlos sehen muß ich auch das schöne
Das zehen Jahre uns vereint. [Band,
Auch diese inhaltvolle Stunde,
In welcher wir so vieles hören durften,
Was Licht in dunkle Seelentiefen strahlt,
Sie hat nur Schatten dir gebracht.
Ich konnte nach so manchem Worte,
Das unser Redner eben sprach,
Im eignen Herzen mitempfinden,
Wie tief es dich verwundet.
– – – – – – – – – –
Ich sah in deine Augen einst:
Sie spiegelten Freude nur
An aller Dinge Wesenheit,
Und deine Seele hielt
In schönheitvollen Bildern fest,
Was Sonnenlicht und Luft,

Die Körper überflutend
Und offenbarend Daseinsrätsel,
In flücht'gen Augenblicken malen.
Noch war gelenk nicht deine Hand,
In derber Farbenpracht
Nicht konnte sie verkörpern,
Was lebensvoll vor deiner Seele schwebte.
In unsrer beider Herzen lebte doch
Der schöne Glaube,
Daß sicher dir die Zukunft bringen müsse
Die Kunst der Hand zur frohen,
In des Geschehens Grund
So innig-tief ergoßnen Seele.
Und was vom Daseinswesen offenbart
So wunderbar des Geistes Forscherkraft,
Es werde Seelenwonnen
Aus deiner Kunst Geschöpfen
In Menschenherzen gießen:
So dachten wir in jenen Zeiten.
Der Zukunft Heil im Spiegel höchster Schönheit,
Entspringend deinem Können:
So malte deiner Seele Ziel die meine sich.
Und nun ist wie erloschen
In deinem Innern alle Kraft,
Wie tot ist deine Schaffensfreude,
Gelähmt fast scheint der Arm,
Der jugendfrisch vor Jahren
Den Pinsel kräftig führte.

JOHANNES THOMASIUS:
So leider ist es.
Ich fühle wie verschwunden
Der Seele früh'res Feuer.
Und stumpf nur schaut mein Auge

Den Glanz der Dinge,
Den Sonnenlicht verbreitet über sie.
Fast fühllos bleibt mein Herz,
Wenn wechselnde Luftstimmung
Hingleitet über meinen Umkreis.
Es regt sich nicht die Hand,
Zu zwingen in die bleibende Gegenwart,
Was flüchtig Elementgewalten
Aus Daseinsgründen zaubern vor die Sinne.
Es quillt mir lustvoll
Nicht mehr der Schaffenstrieb.
Und Dumpfheit breitet über all mein Leben sich.

MARIA:

Beklagen muß ich tief,
Daß solches dir erwächst aus allem,
Was mir das Höchste,
Was Strom des heiligen Lebens mir ist.
O Freund, in jenem Wechselspiel,
Das Menschen Dasein nennen,
Verbirgt ein ewig geistig Leben sich.
Und jede Seele webt in diesem Leben.
Ich fühle mich in Geisteskräften,
Die wirken wie in Meerestiefen,
Und seh' der Menschen Leben
Wie Wellenkräuseln an des Wassers Oberfläche.
Ich fühle eins mit allem Lebenssinne mich,
Nach dem die Menschen rastlos streben,
Und welcher mir nur scheint
Des eignen Wesens Offenbarung.
Ich sah, wie oft er sich verband
Mit eines Menschen Seelenkern,
Zum Höchsten ihn erhebend,
Was nur das Herz erflehen kann.

Doch wie er lebt in mir,
Erweist als böse Frucht er sich,
Berührt mein Wesen sich
Mit andrer Menschen Wesen.
Es zeigt sich dies mein Schicksal auch in allem,
Was dir ich geben wollte,
Der liebend sich mir nahte.
An meiner Seite wolltest du
Die Wege wacker gehen,
Die dich zu edlem Schaffen führen sollten.
Und was ist nun geworden!
Was stets als reinstes Leben sich mir offenbart,
In seines eignen Wesens Wahrheit,
Es war der Tod für deinen Geist.

JOHANNES:
Es ist so.
Was deine Seele trägt
In lichte Himmelshöhen,
Will stürzen mich,
Erleb ich es mit dir,
In finstre Todesgründe.
Als du in unsrer Freundschaft Morgenröte
Mich führtest zu der Offenbarung,
Die Licht verbreitet in den Finsternissen,
Die ohne wissend Leben jede Nacht
Betritt die Menschenseele;
In welche wandert
Des Menschen irrend Wesen,
Wenn Todes Nacht zu spotten scheint
Des Lebens wahrem Sinn;
Und als du wiesest mir
Die Wahrheit von der Wiederkehr des Lebens, –
Da konnte ich mir denken,

Daß ich erwachsen werde
Zum echten Geistesmenschen.
Und sicher schien es mir,
Daß eines Künstlerauges Schärfe
Und alles Künstlerschaffens Sicherheit
Mir erst erblühen werden
Durch deines Feuers edle Kraft.
Ich ließ auf mich nun wirken dieses Feuer,
Da raubt' es mir
Der Seelenkräfte Ineinanderfließen;
Es preßte allen Glauben an die Welt
Erbarmungslos mir aus dem Herzen.
Und nun bin ich so weit gekommen,
Daß Klarheit mir auch darin fehlt,
Ob ich bezweifeln soll, ob glauben
Die Offenbarung aus den Geisteswelten.
Und dazu selbst ermangle ich der Kraft,
Zu lieben, was in dir
Des Geistes Schönheit kündet.

MARIA:
Ich muß seit Jahren es erkennen,
Daß meine Art, das Geistesselbst zu leben,
Ins Gegenbild sich wandelt,
Durchdringt es manches andern Menschen Art.
Und sehen muß ich auch
Wie segenspendend sich die Geisteskraft erweist,
Gelangt auf andern Wegen sie in Menschenseelen.
(Es treten Philia, Astrid und Luna ein.)
Sie wird im Worte ausgesprochen,
Doch wird das Wort zur Kraft
Und lenkt in Weltenhöhen
Der Menschen Denkungsart.
Es schafft da frohe Stimmung,

Wo trüber Sinn erst lebte;
Imstande ist es, umzuwandeln
Die Flüchtigkeit des Geistes
In würdig ernstes Fühlen;
Dem Menschenwesen gibt es sich're Prägung.
Und ich, ich bin ergriffen ganz
Von dieser Geisteskraft,
Und muß gewahren,
Daß Schmerzen und Verwüstung
Sie mit sich trägt,
Ergießt aus meinem Herzen sie
In andre Herzen sich.

PHILIA:

Es war, als ob ein ganzer Chor
(Es treten Professor Capesius und Doktor Strader ein.)
Aus Meinungen und Gesinnungen
Zusammentönte in dem Kreise,
Der eben uns vereinte.
Der Harmonien gab es viele,
Doch auch so manche herbe Dissonanz.

MARIA:

Wenn vieler Menschen Worte
In solcher Art sich vor die Seele stellen,
Dann ist's, als ob
Geheimnisvoll dazwischenstünde
Des Menschen volles Urbild;
Es zeigt in vielen Seelen sich
Gegliedert, wie das Eine Licht
Im Regenbogen sich
In vielen Farbenarten offenbart.

CAPESIUS:

So hat man denn
In vielen Jahren ernsten Strebens
Durchwandert mancher Zeiten wechselnd Wesen,
Zu forschen stets nach allem,
Was lebte in den Menschengeistern,
Die künden wollten Daseinsgründe
Und weisen Lebensziele ihrem Wirken.
Man glaubte, in der eignen Seele
Des Denkens hohe Macht belebt zu haben
Und manchen Schicksals Rätsel.
Man konnte meinen, daß man fühle
Im Innern alles Urteils feste Stützen,
Wenn neu Erlebtes fragend
Sich vor die Seele drängt.
Doch wankend wird die Stütze mir bei allem,
Was ich schon früher,
Und auch in dieser Stunde wieder,
Mit Staunen habe hören können
Von dieser hier gepflegten Denkungsart.
Und wankend wird sie vollends,
Wenn ich bedenke, wie gewaltig
Die *Wirkung* sich erweist im Leben.
So manchen Tag hab' ich damit verbracht:
Was ich den Zeitenrätseln abgelauscht,
In solchen Worten auszusprechen,
Die Herzen fassen und erschüttern können.
Und froh schon war ich,
Wenn nur die kleinste Ecke
Im Seelenwesen meiner Hörerschar
Ich voll erwärmen konnte.
Und manches schien mir auch erreicht.
Nicht klagen kann ich über Mißerfolg.
Doch alles Wirken solcher Art,

Es konnte mich nur führen
Zur Anerkennung jener Meinung,
Die so geliebt wird und betont
Im Reich der Tatenmenschen:
Daß in des Lebens Wirklichkeit
Gedanken nichts als blasse Schatten sind.
Sie könnten wohl befruchten
Die Schaffensmächte unsres Lebens;
Sie zu gestalten aber
Ist ihnen nicht gegeben.
Und längst hab' ich mich abgefunden
Mit dem bescheidnen Wort:
Wo nur Gedanken-Blässe wirkt,
Erlahmt das Leben und auch alles,
Was sich dem Leben zugesellt.
Und stärker als die reifsten Worte
Mit ihrer inhaltvollen Kunst
Erweist im Leben sich
Begabung als Naturgeschenk,
Erweist das Schicksal sich.
Die Bergeslast der Überlieferung
Und dumpfer Vorurteile Alp,
Sie werden stets erdrücken
Der besten Worte Kraft.
Was hier jedoch sich zeigt,
Gibt viel zu denken Menschen meiner Art.
Erklärlich schien uns solche Wirkung,
Wo überhitzter Sektengeist,
Die Seelen nur betörend,
Sich über Menschen gießt.
Doch hier ist nichts von solchem Geist zu sehn.
Man will nur durch Vernunft zur Seele sprechen.
Und doch: man schafft
Durch Worte echte Lebenskräfte,

Und spricht zum tiefsten Herzensgrund.
Und selbst des Wollens Reich
Ergreift das sonderbare Etwas,
Das jenen, die gleich mir
In alten Bahnen wandeln,
Als blasses Denken nur erscheinen will.
Ich bin ganz unvermögend,
Zu leugnen solche Wirkung;
Ich kann nur nicht
Mich selber ihr ergeben.
Es spricht dies alles zu mir so ganz eigenartig:
Nicht so, als ob an mir es wäre,
Zurückzustoßen das Erlebte;
Es scheint mir fast,
Als könnte dieses Etwas meine Art
In sich nicht dulden.

STRADER:

Ich muß im vollsten Sinne mich bekennen
Zu euren letztgesprochnen Worten;
Und schärfer möchte ich sogar betonen,
Daß alle Wirkung auf die Seele,
Die wir erblühen sehen aus Ideen,
Entscheiden darf in keiner Weise,
Was an Erkenntniswert sie bergen.
Ob Wahrheit oder Irrtum
In unsrem Denken lebt,
Darüber kann allein nur richten
Des echten Wissens Wahrspruch.
Und niemand sollte ernstlich leugnen,
Daß solcher Prüfung wohl in keiner Art
Gewachsen sich erweisen kann,
Was hier nur scheinbar klar sich zeigt
Und Lösung höchster Lebensrätsel bieten will.

Es spricht berückend zu dem Menschengeist
Und lockt doch nur des Menschen gläubig Herz;
Man meint zu öffnen Türen in die Reiche,
Vor denen ratlos und bescheiden
Die streng bedächt'ge Forschung steht.
Und wer in wahrer Treue
Zu dieser Forschung lebt,
Ihm ziemt es zu bekennen,
Daß niemand wissen kann,
Woraus des Denkens Quellen strömen
Und wo des Daseins Gründe liegen.
Wenn solch Bekenntnis auch recht hart der Seele [wird
Die allzugern ergründen möchte,
Was jenseits allen Wissens liegt:
Der Denkerseele drängt ein jeder Blick,
Ob er nach außen sich bemüht,
Ob man ins Innre ihn gerichtet hält,
Des Wissens Grenze doch gewaltig auf.
Verleugnen wir Vernunft
Und was Erfahrung uns gewährt,
So sinken wir ins Bodenlose.
Und wer vermöchte nicht zu sehn,
Wie wenig unsrer Denkungsart
Im Ernst sich fügen will,
Was hier als neue Offenbarung gilt.
Es braucht fürwahr nicht viel,
Zu zeigen, wie so ganz ihr fehlt,
Was allem Denken feste Stützen gibt
Und Sinn für Sicherheit verleiht.
Die Herzen wärmen mag die neue Offenbarung;
Der Denker sieht in ihr nur Schwärmerträume.

PHILIA:

So sprechen wird wohl stets

Das Wissen, das erobert ist
In Nüchternheit und mit Verstand.
Doch andres muß die Seele haben,
Die an sich selber glauben soll.
Sie wird wohl stets auf solche Worte hören,
Die ihr vom Geiste sprechen.
Was dunkel sie schon vorher ahnen konnte,
Erstrebt sie zu begreifen.
Zu reden von dem Unbekannten,
Es kann den Denker locken;
Doch niemals Menschenherzen.

STRADER:

Ich kann empfinden,
Wieviel in solchem Einwurf liegt.
Er trifft die bloßen Grübler,
Die nur des Denkens Faden spinnen
Und fragen, was aus dem und jenem folgt,
Das sie erst selber sich als Meinung bilden.
Doch kann er mich nicht treffen.
Ich habe nicht Gedanken mich ergeben,
Weil äußrer Anlaß mich geführt.
Ich wuchs als Kind heran
Im Kreise frommer Leute
Und sah Gebräuche,
Die meinen Sinn berauschten
Durch Bilder jener Himmelreiche,
Die man der Einfalt
So trostesreich zu schildern weiß.
In meiner Knabenseele
Erlebte ich die wahrsten Wonnen,
Wenn ich im Aufblick schwelgte
Zu höchsten Geisteswelten;
Und Beten war Bedürfnis meines Herzens.

Im Kloster ward ich dann erzogen,
Und Mönche waren meine Lehrer;
Und selber Mönch zu werden,
Ward meines Innern Sehnsucht
Und meiner Eltern heißer Wunsch.
Ich stand schon vor der Priesterweihe.
Es trieb ein Zufall dann mich aus dem Kloster.
Doch dankbar muß ich diesem Zufall sein;
Denn meiner Seele war
Der stille Friede längst geraubt,
Als jener Zufall sie errettet.
Ich war bekannt geworden mit so vielem,
Was nicht in eines Mönches Welt gehört.
Naturerkenntnis kam mir zu aus Schriften,
Die mir verboten waren.
So lernte ich die neue Forschung kennen;
Und schwer nur fand ich mich zurecht.
Ich suchte auf so manchem Wege.
Erklügelt wahrlich hab' ich nicht,
Was mir als Wahrheit sich gezeigt.
In heißen Kämpfen habe ich
Aus meinem Geist gerissen,
Was Glück und Frieden mir als Kind gebracht.
Ich kann verstehn das Herz
Das nach den Höhn sich sehnt.
Doch weil als Traum erkannt ich hab',
Was mir die Geisteslehre brachte,
Mußt' sichern Boden ich dann finden,
Wie Wissenschaft und Forschung nur ihn schaffen.

LUNA:

Ein jeder mag verstehn in seiner Art,
Wo Sinn und Ziel des Lebens liegen.
Mir fehlt ganz sicher jede Fähigkeit,

Am Wissen unsrer Zeit zu prüfen,
Was ich als Geisteslehre hier empfange.
Ich fühle aber klar in meinem Herzen,
Daß meine Seele ohne sie ersterben würde,
Wie meine Glieder ohne Blut es müßten.
Sie, lieber Doktor, sprechen viele Worte,
Um gegen uns zu kämpfen.
Und was Sie eben uns gesagt
Von Ihren Lebenskämpfen,
Gewicht verleiht es Ihren Worten
Bei jenen Menschen auch,
Die unvermögend sind, zu folgen Ihrer Rede.
Ich muß nur stets mich fragen,
(Theodora tritt ein.)
Warum gerader Menschensinn
Wie selbstverständlich finden muß
Das Wort vom Geist,
Das stets mit warmem Anteil er ergreifen wird;
Und Kälte nur ihn überläuft,
Wenn er die Seelennahrung suchen will
Aus Worten, wie sie jetzt von Ihnen kommen.

THEODORA:

Obwohl auch ich so wohl
Mich fühlen muß in diesem Kreise,
Erscheinen mir doch fremd die Reden,
Die ich hier hören muß.

CAPESIUS:

Warum die Fremdheit?

THEODORA:

Ich mag es selbst nicht sagen.
Maria, schildre du es.

MARIA:

Die Freundin hat es oft uns dargestellt,
Wie sonderbar es ihr ergangen.
Sie fühlte eines Tages sich wie umgewandelt.
Und nirgends konnte sie Verständnis finden.
Ihr Wesen wirkte überall Befremden nur,
Bis sie in unsre Kreise trat.
Nicht daß wir selbst begreifen könnten,
Was sie mit keinem Menschen teilt;
Doch wir erwerben uns durch unsre Denkungsart
Die volle Anteilnahme auch für Ungewohntes,
Wir lassen jede Art
Des Menschenwesens gelten.
Für unsre Freundin gab es
Im Leben einen Augenblick,
Da sie verschwinden fühlte alles,
Was ihrem eignen Lebenslaufe angehört.
Vergangnes war wie ausgelöscht in ihrer Seele.
Und seit sich diese Wandlung eingestellt,
Erneuert immer wieder sich die Seelenstimmung.
Sie dauert jedesmal nur kurze Zeit.
Im andern Leben ist sie so wie alle Menschen.
Wenn sie in jenen Zustand fällt,
Ermangelt sie fast ganz
Der Gabe der Erinnerung.
Es ist ihr auch des Auges Kraft genommen,
Sie fühlt dann mehr, was sie umgibt.
Sie sieht es nicht.
Dabei erglimmen ihre Augen
In eigenartigem Licht.
Dafür erscheinen ihr Gebilde,
Die anfangs traumhaft waren,
Die jetzt so klar doch sind,
Daß sie als Vorverkündung spätrer Zukunft

Nur zu verstehen sind.
Wir haben dieses oft gesehn.

CAPESIUS:
Das ist es eben,
Was mir so wenig
Gefallen will in diesem Kreise:
Daß Aberglaube sich vermengt
Mit Logik und Vernunft.
Das war so überall,
Wo man auf diesen Wegen ging.

MARIA:
Wenn ihr so sprechen könnt,
ist euch noch unbekannt,
Wie wir zu diesen Dingen stehn.

STRADER:
Was mich betrifft,
So muß ich frei gestehn,
Daß mir erwünschter ist,
Von solcher Offenbarung hier zu hören
Als von den zweifelhaften Geisteslehren.
Denn fehlt mir auch
Die Lösung für das Rätsel solcher Träume,
So seh' ich sie als Tatbestand ja doch.
Es gibt wohl keine Möglichkeit,
Zu sehen eine Probe
Der sonderbaren Geistesart.

MARIA:
Vielleicht, sie kommt da eben wieder.
Es schien mir fast,
Als ob das Sonderbare jetzt
Sich zeigen wollte.

THEODORA:

Es drängt zu sprechen mich:
Vor meinem Geiste steht ein Bild im Lichtesschein,
Und Worte tönen mir aus ihm;
In Zukunftzeiten fühl' ich mich,
Und Menschen kann ich schauen,
Die jetzt noch nicht im Leben.
Sie schauen auch das Bild,
Sie hören auch die Worte,
Sie klingen so:
Ihr habt gelebt im Glauben,
Ihr wart getröstet in der Hoffnung,
Nun seid getröstet in dem Schauen,
Nun seid erquickt durch mich.
Ich lebte in den Seelen,
Die mich gesucht in sich,
Durch meiner Boten Wort,
Durch ihrer Andacht Kräfte.
Ihr habt geschaut der Sinne Licht
Und mußtet glauben an des Geistes Schöpferreich.
Doch jetzt ist euch errungen
Ein Tropfen edler Sehergabe,
O fühlet ihn in eurer Seele.
– – – – – – – – – –
Ein Menschenwesen
Entringt sich jenem Lichtesschein.
Es spricht zu mir:
Du sollst verkünden allen,
Die auf dich hören wollen,
Daß du geschaut,
Was Menschen noch erleben werden.
Es lebte Christus einst auf Erden,
Und dieses Lebens Folge war,
Daß er in Seelenform umschwebt

Der Menschen Werden.
Er hat sich mit der Erde Geistesteil vereint.
Die Menschen konnten schauen ihn noch nicht,
Wie er in solcher Daseinsform sich zeigt,
Weil Geistesaugen ihrem Wesen fehlten,
Die sich erst künftig zeigen sollen.
Doch nahe ist die Zukunft,
Da mit dem neuen Sehen
Begabt soll sein der Erdenmensch.
Was einst die Sinne schauten
Zu Christi Erdenzeit,
Es wird geschaut von Seelen werden,
Wenn bald die Zeit erfüllt wird sein.
(Sie geht ab.)

MARIA:
Es ist zum ersten Male,
Daß sie vor vielen Menschen so sich gibt,
Es drängte sie sonst nur,
Wenn zwei bis drei zugegen waren.

CAPESIUS:
Es scheint doch sonderbar,
Daß sie wie auf Befehl und nach Bedarf
Gedrängt sich fand zu dieser Offenbarung.

MARIA:
Das mag so scheinen.
Wir aber kennen ihre Art.
Wenn sie in diesem Augenblick
Die Stimme ihres Innern
In eure Seelen senden wollte,
Es war aus keinem andern Grunde,
Als weil an euch
Sich richten wollte dieser Stimme Quell.

CAPESIUS:

Bekannt ist uns geworden,
Daß von der künft'gen Gabe,
Von der sie sprach wie träumend,
Auch oftmals schon berichtet hat
Der Mann, von dem man uns gesagt,
Daß er die Seele dieses Kreises ist.
Ist's möglich, daß von ihm
Der Inhalt ihrer Rede stammt,
Und nur die Art aus ihrem Wesen kommt?

MARIA:

Wenn so die Sache stünde,
Sie wäre uns nicht wichtig.
Es ist jedoch genau der Tatbestand geprüft.
Die Freundin war ganz unbekannt
Mit unsres Führers Reden,
Bevor sie unsren Kreis betrat.
Und auch von uns hat keiner
Vorher gehört von ihr.

CAPESIUS:

Dann sehen wir nun eben einen Tatbestand,
Wie sie entgegen dem Naturgesetz
Sich öfter bilden
Und nur als krankhaft gelten können.
Entscheiden über Lebensrätsel kann
Gesundes Denken nur allein,
Und was der wachen Sinnesart entspringt.

STRADER:

Doch liegt ein Tatbestand ja vor;
Und wichtig ist gewiß,
Was eben uns gesagt:

Es könnte zwingen –
Verwürfe man auch alles andre, –
An Übertragung von Ideen
Durch Seelenkraft zu denken.

ASTRID:

Ach könntet ihr den Boden doch betreten,
Den euer Denken meiden will!
Es müßte schmelzen wie der Schnee im Sonnen-
Der Wahn, der fremd und wunderbar, [licht
Ja krankhaft gar erscheinen läßt,
Was solcher Menschen Art uns offenbart.
Es ist bedeutsam zwar, doch seltsam nicht.
Denn klein will mir dies Wunder scheinen,
Betracht' die tausend Wunder ich,
Die täglich mich umgeben.

CAPESIUS:

Ein andres ist es doch,
Das überall Vorhandne zu erkennen,
Ein andres, was man hier uns zeigt.

STRADER:

Von Geist zu sprechen
Wird nötig erst,
Wenn Dinge man uns weist,
Die nicht in jenem Kreise liegen,
Der streng umschlossen ist
Durch unsre Wissenschaft.

ASTRID:

Das helle Sonnenlicht,
Erglänzend in dem Tau des Morgens,

(Es tritt Felix Balde ein.)

Die Quelle, die aus Felsen rieselt,
Der Donner, der aus Wolken dröhnt,
Sie reden eine Geistessprache:
Ich suchte sie zu kennen.
Von dieser Sprache Sinn und Macht
Ist nur ein schwacher Abglanz
In eurer Forschung zu erblicken.
Ich fand mein Seelenglück,
Als jener Sprache Art ins Herz mir drang,
Die Menschenwort und Geisteslehre
Mir nur gewähren konnten.

FELIX BALDE:

Das war ein rechtes Wort.

MARIA:

Es drängt mich auszusprechen,
Wie sehr mein Herz sich freut,
(Frau Balde erscheint.)
Zum erstenmal bei uns zu sehn
Den Mann, von dem so vieles mir bekannt,
Was mir erzeugt den Wunsch,
Recht oft ihn hier zu sehn.

FELIX BALDE:

Es ist mir ungewohnt,
Mit vielen Menschen zu verkehren;
Und nicht nur ungewohnt.

FRAU BALDE:

Ach ja, es ist so seine Art.
Sie drängt uns ganz in Einsamkeit.
Wir hören Jahr um Jahr
Kaum mehr, als was wir selber sprechen.

Und käme dieser liebe Mann
(Auf Capesius zeigend.)
Zuweilen nicht in unser Häuschen,
Wir wüßten kaum,
Daß außer uns noch Menschen leben.
Und wenn der Mann,
Der in dem Saale vorhin sprach
Und uns durch seine schönen Worte
So stark ergriffen hat,
Nicht träfe meinen Felix oft,
Wenn dieser sein Geschäft besorgt,
Ihr wüßtet nichts
Von uns verschollnen Leuten.

MARIA:
Und der Professor kommt zu euch?

CAPESIUS:
Gewiß, und sagen darf ich wohl,
Ich bin der guten Frau
Zu tiefstem Dank verpflichtet.
Sie gibt mir reichlich,
Was keiner sonst mir geben kann.

MARIA:
Und welcher Art sind ihre Gaben?

CAPESIUS:
Berühren muß ich,
Will davon ich erzählen,
Ein Ding, das wahrlich wunderbarer mir erscheint
Als manches, was ich hier gehört,
Weil mehr zu meiner Seele sprechend.
Ich könnte kaum an andrem Orte

Die Worte aus dem Munde bringen,
Die hier so leicht mir werden.
Für meine Seele gibt es Zeiten,
Wo sie wie ausgepumpt und leer sich fühlt.
Es ist mir dann, als ob des Wissens Quelle
In mir erschöpft sich hätte;
Als ob kein Wort ich finden könnte,
Das wert zu halten wäre
Gehört zu werden.
Empfind' ich solche Geistesöde,
Dann flüchte ich in dieser guten Leute
Erquickend stille Einsamkeit.
Und Frau Felicia erzählt
In Bildern wunderbar
Von Wesen, die im Traumeslande wohnen
Und in den Märchenreichen
Ein buntes Leben führen.
Es ist der Ton der Rede
Wie Sagenweise aus den alten Zeiten.
Ich frage nicht, woher sie ihre Worte hat.
Ich denke dann an eines nur mit Klarheit,
Wie meiner Seele neues Leben fließt
Und wie hinweggebannt
Mir alle Seelenlähmung ist.

MARIA:

Daß von der Gattin Kunst
So Großes zu verkünden,
Es fügt in schönster Art
Zu allem sich harmonisch,
Was Benedictus sprach von seines Freundes
Verborgnen Wissensquellen.

FELIX BALDE:

Der vorhin eben sprach,

(Benedictus erscheint in der Tür.)
Als wenn in Weltenräumen
Und Ewigkeiten nur sein Geist verweilte,
Hat wahrhaft keinen Grund,
Von meiner Einfalt viel zu reden.

BENEDICTUS:
Ihr irrt, mein Freund,
Unsäglich ist mir wert ein jedes eurer Worte.

FELIX BALDE:
Es war nur Vorwitz,
Der Trieb zu schwätzen,
Wenn ihr die Ehre mir oft gabt,
So neben euch zu gehn auf unsern Bergeswegen.
Nur weil ihr mir verborgen,
Wieviel ihr selber wißt,
Hab' ich gewagt zu reden.
Doch unsre Zeit ist um,
Wir haben einen weiten Weg
Nach unsrem stillen Heim.

FRAU BALDE:
Es war mir rechte Labsal,
Daß ich einmal bei Menschen war.
Es wird so bald nicht wieder sein. –
Für Felix taugt kein andres Leben
Als das in seinen Bergen.
(Felix und Frau ab.)

BENEDICTUS:
Die Frau hat sicher recht,
Er wird so bald nicht wieder kommen.
Es brauchte vieles,

Ihn diesmal herzubringen.
Und doch ist nicht bei ihm
Der Grund zu suchen,
Daß niemand von ihm weiß.

CAPESIUS:

Mir schien er nur ein Sonderling.
Ich fand ihn redselig
In mancher Stunde,
Die ich bei ihm verbracht.
Doch blieben mir stets dunkel seine sonderbaren Reden,
In denen er zutage brachte,
Was er zu wissen meint.
Er spricht von Sonnenwesen,
Die in den Steinen wohnen,
Von Monddämonen,
Die jener Wesen Werke stören,
Vom Zahlensinn der Pflanzen redet er.
Und wer ihn hört, der wird nicht lange
In seinen Worten einen Sinn bewahren können.

BENEDICTUS:

Man kann auch fühlen,
Wie wenn Naturgewalten in den Worten suchten,
Zu offenbaren sich in ihres Wesens Wahrheit.
(Benedictus geht ab)

STRADER:

Ich ahne schon,
Daß schlimme Tage
In meinem Leben kommen werden!
Seit jener Zeit,
Da mir in Klosters Einsamkeit
Die Kunde solchen Wissens ward zuteil,

Das mich im tiefsten Seelengrunde furchtbar traf,
Ist kein Erlebnis mir so nah' gegangen,
Wie das mit dieser Seherin.

CAPESIUS:

Was hier erschütternd wirken soll,
Vermag ich nicht zu sehn.
Ich fürchte, lieber Freund,
Verliert ihr hier die Sicherheit,
Es werde bald euch alles sich
In finstre Zweifel hüllen.

STRADER:

Die Furcht vor solchem Zweifel:
Sie quält mich manche Stunde.
Ich weiß sonst nichts
Von Sehergaben durch mich selbst; [quälen,
Doch oft, wenn Rätselfragen mich gewaltig
Dann steigt gespenstig mir aus dunkler Geistestiefe
Ein schreckhaft Traumeswesen vor dem Geistes-
Es legt sich schwer mir auf die Seele, [auge auf.
Und schaurig auch umkrallt es mir das Herz
Und spricht aus mir:
Bezwingst du mich
Mit deinen stumpfen Denkerwaffen nicht,
Bist mehr du nicht
Als flüchtig Truggebild des eignen Wahnes nur.

THEODOSIUS (der schon früher eingetreten):

So ist das Schicksal aller Menschen,
Die *denkend* nur der Welt sich nah'n.
Es lebt im Innern uns des Geistes Stimme.
Wir haben keine Macht, die Hülle zu durchdringen,

Die vor den Sinnen sich verbreitet.
Es bringt das Denken Wissen jener Dinge nur,
Die schwinden mit dem Zeitenlauf.
Was ewig ist und geistig,
Im Menscheninnern ist es nur zu finden.

STRADER:

Soll eines frommen Glaubens Frucht
Der Seele Ruhe bringen,
Sie kann auf solchen Wegen,
Sich selbst genügend, wandeln.
Doch echten Wissens Kraft
Erblüht auf diesem Pfade nicht.

THEODOSIUS:

Es gibt jedoch nicht andre Wege,
(Es treten Romanus und German ein.)
Im Menschenherzen wahres Geisteswissen zu
Der Hochmut kann verführen, [erzeugen.
(Helena tritt ein.)
Der Seele wahres Fühlen
Zu Truggebilden umzuschaffen,
Und Schauen vorzumalen,
Wo Glaubensschönheit nur sich ziemt!
Von allem, was wir hier
Als Wissen aus den höhern Welten
So geistvoll hören konnten,
Gilt eines nur dem echten Menschensinn:
Nur daß im Geisterland
Die Seele heimisch sich erfühlt.

DIE ANDRE MARIA (die mit Theodosius eingetreten ist):

Solange nur zu sprechen
Gedrängt sich fühlt der Mensch,

Mag ihm genügen solcher Rede Inhalt.
Im vollen Leben mit all' seinem Streben,
Mit seiner Glückessehnsucht, seinem Jammer,
Bedarf man andrer Nahrung,
Zu reichen sie den Seelen.
Mich hat ein innrer Trieb gelenkt
Den Rest des Lebens,
Der noch mir zugeteilt,
Zu widmen jenen Menschen,
Die des Geschickes Lauf
Gebracht in Elend und in Not.
Und öfter noch war ich genötigt,
Zu lindern Schmerzen in den Seelen
Als Leiden an den Leibern.
Ich fühlte wohl auf vielen Wegen
Die Ohnmacht meines Willens;
Ich muß stets neue Kraft
Mir holen aus dem Reichtum,
Der hier aus Geistesquellen fließt.
Die warme Zauberkraft der Worte,
Die hier ich höre,
Ergießt in meine Hände sich
Und fließt wie Balsam weiter,
Berührt die Hand den Leidbeladnen.
Sie wandelt sich auf meinen Lippen
In rechte Trostesrede
Für schmerzdurchwühlte Herzen.
Ich frage nach der Worte Ursprung nicht.
Ich schaue ihre Wahrheit,
Wenn lebend Leben sie mir spenden.
Und deutlich seh' ich jeden Tag,
Wie ihnen Macht nicht gibt,
Was eignen Willens schwache Kraft vermag,
Wie täglich sie mich neu mir selber schaffen.

CAPESIUS:

Es gibt ja Menschen doch genug,
Die ohne diese Offenbarung
Unsäglich Gutes schaffen?

MARIA:

Es fehlt an ihnen
Gewiß an vielen Orten nicht.
Doch andres will die Freundin sagen.
Erkennt ihr erst ihr Leben,
Ihr werdet anders sprechen.
Wo Kräfte unverbraucht
In voller Blüte walten,
Wird Liebe reichlich keimen
Bei gutem Herzensgrunde.
Doch unsre Freundin hat erschöpft
Des Lebens beste Kräfte durch die Arbeitsüberfülle.
Und aller Lebensmut war ihr genommen
Durch schweren Schicksalsdruck,
Den sie erfahren.
Die Kräfte hatte sie geopfert
Der Kinder sorglich Leitung,
Der Mut war hingesunken,
Als ihr ein früher Tod
Den teuren Gatten nahm.
In solcher Lage schien ein müder Lebensrest
Ihr weitres Los zu sein.
Da brachten Schicksalsmächte sie
In unsrer Geisteslehre Bann,
Und ihre Lebenskräfte
Erblühten noch zum zweiten Male.
Mit neuem Daseinsziel
Kam wieder Mut in ihr Gemüt.
So hat in ihr der Geist ganz wahrhaft

Den neuen Menschen aus erstorbnem Keim
Wenn solcher Schaffenskraft [geschaffen.
Der Geist sich fruchtbar zeigt,
Dann scheint die Art erwiesen auch,
In der er kund sich gibt.
Und wenn kein Hochmut in dem Worte liegt,
Und recht im Herzen lebt der Seele höchstes
Zu glauben auch in keiner Weise, [Sittenziel,
Daß unser Eigenwerk die Lehre –
Daß nur der Geist
Sich selbst in unserm Innern deutet,
Dann ist es wohl vermessen nicht,
Zu sagen, daß in eurer Denkungsart
Nur blasse Schatten weben
Vom echten Quell des Menschenseins;
Und daß der Geist, der uns beseelt,
Verbindet innig sich mit allem,
Was in den Lebensgründen
Des Menschen Schicksal spinnt.
Die Jahre, seit erlaubt mir ward,
Dem lebensvollen Werke mich zu widmen,
Sind mehr der blutenden Herzen
Getreten mir vor Augen
Und mehr der sehnenden Seelen,
Als mancher Mensch nur ahnt.
Ich schätze eurer hohen Ideen Flug
Und eures Wissens stolze Sicherheit;
Ich liebe, daß zu euren Füßen
Verehrend sitzt der Hörer Schar,
Und daß aus euren Werken
Für viele Seelen strömt
Erhebenden Denkens Klarheit.
Doch scheint mir, daß die Sicherheit
Nur wohnt in diesem Denken,

Solange in sich selbst es bleibt. –
Die Art, der ich gehöre,
Sie schickt in tiefe Wirklichkeiten
Die Früchte ihrer Worte,
Weil sie in tiefen Wirklichkeiten
Die Wurzeln pflanzen will.
Es liegt wohl ferne eurem Denken
Die Schrift am Geisteshimmel,
Die mit gewicht'gen Zeichen
Den neuen Trieb verkündet
Am Baum der Menschheit.
Und scheint auch klar und sicher
Das Denken, das in alter Weise lebt,
Es kann des Baumes Rinde pflegen;
Doch reicht es nicht
An seines Markes Lebensmacht.

ROMANUS:

Ich finde nicht die Brücke,
Die von Ideen
Zu Taten wahrhaft führen könnte.

CAPESIUS:

Man überschätzt auf jener Seite
Die Kräfte der Ideen;
Doch ihr verkennt in andrer Art
Den Lauf der Wirklichkeit.
Es sind Ideen doch wohl sicherlich
Die Keime aller Menschentaten.

ROMANUS:

Wenn diese Frau des Guten vieles leistet,
So liegt dazu der Trieb
In ihrem warmen Herzen.

Es ist gewiß dem Menschen nötig,
Wenn Arbeit er geleistet hat,
Erbauung zu empfangen von Ideen,
Doch wird allein die Zucht des Willens
Im Bunde mit Geschick und Kraft
Bei allem echten Lebenswerk
Der Menschheit vorwärtshelfen.
Wenn Räderschwirren
Mir in die Ohren tönt,
Und wenn zufriedner Menschen Hände
An Kurbeln ziehen,
Dann fühle ich die Lebensmächte.

GERMAN:

Ich habe oft so leichthin ausgesprochen,
Daß ich die Schnurren liebe
Und nur sie geistvoll finde,
Daß sie jedoch für mein Gehirn
Stets bleiben werden guter Stoff,
Die Zeiten hinzubringen,
Die zwischen Arbeit und Vergnügen liegen.
Und jetzt ist mir recht abgeschmackt dies Wort.
Die unsichtbare Macht hat mich bezwungen.
Gelernt hab' ich zu fühlen,
Was stärker ist im Menschenwesen
Als unsers Witzes Kartenhaus.

CAPESIUS:

Und nirgends als nur hier habt ihr vermocht,
Zu finden solche Geisteskraft?

GERMAN:

Das Leben, das ich führte,
Es bot mir manche Geisteswerte;

Es lag mir nicht,
Zu pflücken ihre Früchte.
Doch diese Denkungsart,
Sie zog mich hin zu sich,
So wenig ich auch selber tat.

CAPESIUS:

Wir haben schöne Stunden hier verlebt
Und müssen dankbar sein des Hauses Leiterin.
(Es gehen alle ab, nur Maria und Johannes bleiben.)

JOHANNES:

O bleibe eine Weile noch bei mir.
Es ist mir bange – ach so bange.

MARIA:

Was ist dir? sprich!

JOHANNES:

Erst unsres Führers Worte,
Dann dieser Menschen bunte Reden!
Erschüttert bis ins Mark erschein' ich mir.

MARIA:

Wie konnten diese Reden
Dein Herz so stark ergreifen?

JOHANNES:

In diesem Augenblicke
War mir ein jedes Wort
Ein furchtbar Zeichen
Der eignen Nichtigkeit.

MARIA:

Es war gewiß bedeutsam,
In kurzer Zeit ergießen sich zu sehn
Soviel von Lebenskämpfen
Und Menschenwesenheit
In dies Zusammenspiel der Reden.
Doch ist es ja die Eigenart
Des Lebens, das wir führen,
Des Menschen Geist zum Sprechen zu erwecken.
Und was sich sonst begibt in langer Zeiten Lauf,
Enthüllt sich hier in wenig Stunden.

JOHANNES:

Ein Spiegelbild des vollen Lebens,
Das mich so klar mir selbst gezeigt.
Die hohe Geistesoffenbarung
Hat mich dazu geführt, zu fühlen
Wie Eine Seite nur des Menschen
So mancher in sich birgt,
Der ganz sich glaubt als Wesenheit.
Die vielen Seiten zu vereinen
In meinem eignen Selbst,
Betrat ich kühn den Weg,
Der hier gewiesen ist.
Er hat ein Nichts aus mir gemacht.
Was ihnen fehlt,
Ist mir bewußt.
Bewußt ist mir jedoch nicht minder,
Daß sie im Leben stehen
Und ich im wesenlosen Nichts.
Es zogen ganze Lebensläufe
Bedeutsam sich in kurze Reden hier zusammen.
Doch auch des eignen Lebens Bild
Erstand in meiner Seele.

Es malte sich die Kindheit
Mit ihrer frohen Lebensfülle,
Es malte sich die Jugendzeit
Mit stolzen Hoffnungen,
Die in der Eltern Herzen
Die Gaben ihres Sohnes weckten.
Die Träume einer Künstlerschaft,
Die Leben waren in den frohen Tagen,
Sie tauchten alle mahnend
Aus Geistestiefen auf.
Und jene Träume auch,
In welchen du mich sahst
In Farben und in Formen wandeln,
Was dir im Geiste lebt.
– – – – – – – – – – –
Und Flammen sah ich züngeln,
Die Jugendträume und auch Künstlerhoffnung
In nichts verwandelten!
Ein andres Bild entwand sich dann
Dem furchtbar öden Nichts:
Ein Menschenwesen war's,
Das sein Geschick an meines hat
In treuer Liebe einst gebunden.
Es wollt' mich halten,
Als ich vor Jahren wieder
In meine Heimat kam,
Gerufen zu der Mutter Leichenfeier.
Ich riß mich los.
Denn mächtig war die Kraft,
Die mich in deine Kreise
Und nach den Zielen zog,
Die hier verkündet werden.
Kein Schuldgefühl verblieb
In mir aus jenen Tagen,

Da ich zerriß ein Band,
Das Leben war der andern Seele.
Und auch die Botschaft, die mir kam,
Daß langsam welkte jenes Leben
Und endlich ganz erlosch,
Ließ fühllos mich bis heute.
Bedeutsam sprach in jenem Saale
Vorhin der Führer nun,
Wie wir verderben können,
Wenn wir nicht richtig streben,
Das Schicksal jener Menschen,
Die liebend uns verbunden.
O, gräßlich klangen wieder
Die Worte aus dem Bilde;
Und dann ertönte es von allen Seiten –
Es war wie schauervoller Widerhall:
Du hast sie hingemordet.
So ward die inhaltschwere Rede
Den andren Menschen Anlaß,
In sich zu schauen;
In mir jedoch erzeugte sie
Bewußtsein schwerster Schuld.
Ich kann durch sie erkennen,
Wie irrend ich gestrebt.

MARIA:

In diesem Augenblick, o Freund,
Betrittst du finstre Reiche.
Da kann dir niemand helfen
Als der allein, dem wir vertraun.

(Helena kommt zurück. Maria wird abgerufen.)

HELENA:

Zu bleiben drängt es mich

Noch eine kurze Zeit bei dir,
Des Blick so kummervoll
Seit vielen Wochen ist.
Wie kann das Licht,
Das herrlich strahlt,
Verdüstern deine Seele,
Die mit der stärksten Kraft
Allein nach Wahrheit strebt?

JOHANNES:

Und dir hat Freude nur
Dies Licht gebracht?

HELENA:

Nicht Freude nur von jener Art,
Die früher mir bekannt.
Doch jene Freude,
Die in den Worten keimt,
Durch die der Geist
Sich selbst verkündet.

JOHANNES:

Ich sage dir jedoch,
Daß auch zermalmen kann,
Was schaffend wirkt.

HELENA:

Es muß ein Irrtum sich mit List
In deine Seele schleichen,
Wenn dieses möglich ist.
Und wenn dir Sorgen
Statt freier Seligkeit
Und kummervolle Stimmung
Statt Geisteswonnen

Erfließen aus der Wahrheit Quellen,
So suche nach den Fehlern,
Die deine Wege stören.
Wie oft wird uns bedeutet,
Gesundheit nur ist unsrer Lehre wahre Frucht,
Und Lebenskraft erblüht aus ihr.
Wie sollte sie das Gegenteil in dir bezeugen!
Ich seh' die Früchte an so vielen,
Die, mir vertrauend, sich vereinen.
Die alte Lebensführung wird
Der Seele fremd und fremder;
Es öffnen neue Quellen sich dem Herzen,
Das sich dann selbst erneut.
Der Blick in Daseinsgründe,
Er schafft Begierden nicht,
Die Menschen quälen können.
(Sie geht ab.)

JOHANNES:
Daß Sinne Wahn nur künden,
Wenn Geist-Erkenntnis als Genossin
Sich ihnen nicht verbündet,
Ich brauchte viele Jahre,
Um dies verstehn zu können.
Daß selbst der höchsten Weisheit Worte
In *deinem* Wesen Seelenwahn nur sind,
Das zeigt ein einziger Augenblick.

(Vorhang)

ZWEITES BILD

Gegend im Freien, Felsen, Quellen; die ganze Umgebung ist in der Seele des Johannes Thomasius zu denken; das Folgende als Inhalt seiner Meditation; später Maria.

(Es tönt aus Quellen und Felsen: *O Mensch, erkenne dich!)*

JOHANNES:

So hör' ich sie seit Jahren schon,
Die inhaltschweren Worte.
Sie tönen mir aus Luft und Wasser,
Sie klingen aus dem Erdengrund herauf,
Und wie ins kleine Samenkorn geheimnisvoll
Der Rieseneiche Bau sich drängt,
So schließt zuletzt sich ein
In dieser Worte Kraft,
Was von der Elemente Wesen,
Von Seelen und von Geistern,
Von Zeitenlauf und Ewigkeit
Begreiflich meinem Denken ist.
Die Welt und meine Eigenheit,
Sie leben in dem Worte:
O Mensch, erkenne dich!

(Aus Quellen und Felsen tönt es: *O Mensch, erkenne dich!)*

Und jetzt! – es wird
Im Innern mir lebendig fürchterlich.
Es webt um mich das Dunkel,
Es gähnt in mir die Finsternis;
Es tönt aus Weltendunkel,
Es klingt aus Seelenfinsternis:
O Mensch, erkenne dich!

(Es tönt aus Quellen und Felsen: *O Mensch, erkenne dich!)*

Es raubt mich jetzt mir selbst.
Ich wechsle mit des Tages Stundenlauf

Und wandle mich in Nacht.
Der Erde folge ich in ihrer Weltenbahn.
Ich rolle in dem Donner,
Ich zucke in den Blitzen.
Ich bin. – O schon entschwunden
Dem eignen Wesen fühl' ich mich.
Ich sehe meine Leibeshülle;
Sie ist ein fremdes Wesen außer mir,
Sie ist ganz fern von mir.
Da schwebt heran ein andrer Leib.
Ich muß mit seinem Munde sprechen:
«Er hat mir bittre Not gebracht;
Ich habe ihm so ganz vertraut.
Er ließ im Kummer mich allein,
Er raubte mir die Lebenswärme
Und stieß in kalte Erde mich.»
Die ich verließ, die Arme,
Ich war sie eben selbst.
Ich muß erleiden ihre Qual.
Erkenntnis hat mir Kraft verliehn,
Mein Selbst in andres Selbst zu tragen.
O grausam Wort!
Dein Licht verlöscht durch eigne Kraft.
O Mensch, erkenne dich!
(Es tönt aus Quellen und Felsen: *O Mensch, erkenne dich!)*
Du führst zurück mich wieder
In meines eignen Wesens Kreise.
Doch wie erkenne ich mich wieder!
Mir ist verloren Menschenform.
Ein wilder Wurm erschein' ich mir,
Aus Lust und Gier geboren.
Und klar empfinde ich,
Wie eines Wahnes Nebelbild
Die eigne Schreckgestalt

Bisher verborgen mir gehalten hat.
Verschlingen muß mich eignen Wesens Wildheit.
Ich fühle als verzehrend Feuer
Durch meine Adern rinnen jene Worte,
Die mir so urgewaltig sonst
Der Sonnen und der Erden Wesen offenbarten.
Sie leben in den Pulsen,
Sie schlagen mir im Herzen;
Und selbst im eignen Denken fühle ich
Die fremden Welten schon als wilde Triebe lodern.
Das sind des Wortes Früchte:
O Mensch, erkenne dich!
(Es tönt aus Quellen und Felsen: *O Mensch, erkenne dich!)*
Da, aus dem finstern Abgrund, –
Welch Wesen glotzt mich an?
Ich fühle Fesseln,
Die mich an dich gefesselt halten.
So fest war nicht Prometheus
Geschmiedet an des Kaukasus Felsen,
Wie ich an dich geschmiedet bin.
Wer bist du, schauervolles Wesen?
(Es tönt aus Quellen und Felsen: *O Mensch, erkenne dich!*)
O, ich erkenne dich.
Ich bin es selbst.
Erkenntnis schmiedet an dich verderblich Ungeheuer
(Maria tritt ein, wird von Johannes zunächst nicht bemerkt.)
Mich selbst *verderblich Ungeheuer*.
Entfliehen wollt' ich dir.
Geblendet haben mich die Welten,
In welche meine Torheit floh,
Um von mir selber frei zu sein.
Geblendet bin ich wieder in der blinden Seele:
O Mensch, erkenne dich!
(Es tönt aus Quellen und Felsen: *O Mensch, erkenne dich!*)

JOHANNES (wie wenn er zu sich käme, erblickt Maria. Die Meditation geht in innere Realität über):
O Freundin, du bist hier!

MARIA:
Ich suchte dich, mein Freund;
Obwohl bekannt mir ist,
Wie lieb dir Einsamkeit,
Nachdem so vieler Menschen Meinungen
Die Seele dir durchflutet.
Und weiß ich auch,
Daß ich durch meine Gegenwart dem Freund
In dieser Zeit nicht helfen kann,
So drängt ein dunkles Streben
In diesem Augenblick mich doch zu dir,
Da Benedictus' Worte dir statt Licht
So schweres Leid
Aus deines Geistes Tiefen lockten.

JOHANNES:
Wie lieb mir Einsamkeit!
Ich habe sie so oft gesucht,
In ihr mich selbst zu finden,
Wenn in Gedankenlabyrinthe mich
Der Menschen Leid und Glück getrieben hatten.
O Freundin, das ist nun vorbei.
Was Benedictus' Worte erst
Mir aus der Seele holten,
Was durch der Menschen Reden
Ich erleben mußte,
Gering nur scheint es mir,
Vergleich dem Sturm ich dies,
Den Einsamkeit mir dann gebracht

In dumpfem Brüten.
O diese Einsamkeit!
Sie hetzte mich in Weltenweiten.
Entrissen hat sie mich mir selbst.
In jenem Wesen, dem ich Leid gebracht,
Erstand ich als ein andrer.
Und leiden mußte ich den Schmerz,
Den ich erst selbst bewirkt.
Die grausam finstre Einsamkeit,
Sie gab mich dann mir selber wieder.
Doch nur, zu schrecken mich
Durch meines eignen Wesens Abgrund.

– – – – – – – – – – –

Mir ist des Menschen letzte Zuflucht,
Mir ist die Einsamkeit verloren.

MARIA:

Ich muß das Wort dir wiederholen:
Nur Benedictus kann dir helfen.
Die Stützen, die uns fehlen,
Wir müssen beide sie von ihm erhalten.
Denn wisse, auch ich kann länger nicht
Ertragen meines Lebens Rätsel,
Wenn nicht durch seinen Wink
Die Lösung sich mir zeigt.
Die hohe Weisheit, daß stets über alles Leben
Nur Schein und Trug sich breitet,
Wenn unser Denken seine Oberfläche bloß ergreift,
Ich habe sie recht oft mir vorgehalten.
Und immer wieder sprach sie:
Du mußt erkennen, wie dich Wahn umfängt,
So oft es dir auch Wahrheit dünkt,
Es könnte schlimme Frucht erstehn,
Wenn du erwecken willst in andern Licht,

Das in dir selber lebt.
In meiner Seele bestem Teil ist mir bewußt,
Daß auch der schwere Druck,
Den dir, mein Freund,
Das Leben hat gebracht an meiner Seite,
Ein Teil des Dornenweges ist,
Der zu dem Licht der Wahrheit führt.
Erleben mußt du alle Schrecken,
Die aus dem Wahn erstehen können,
Bevor der Wahrheit Wesen sich dir offenbart.
So spricht dein Stern.
Doch auch erscheint mir durch dies Sternenwort,
Daß wir vereint die Geisteswege wandeln müssen.
Doch such' ich diese Wege,
So breitet sich vor meinem Blicke finstre Nacht.
Und schwärzer wird die Nacht durch vieles noch,
Was ich erleben muß
Als Früchte meines Wesens.
Wir müssen beide Klarheit in dem Lichte suchen,
Das wohl dem Aug entschwinden,
Doch nie erlöschen kann.

JOHANNES:

Maria, ist dir denn bewußt,
Was meine Seele eben durchgerungen?
Ein schweres Los fürwahr
Ist dir geworden, edle Freundin.
Doch ferne liegt ja deinem Wesen jene Macht,
Die mich so ganz zerschmettert hat.
Du kannst in hellste Wahrheitshöhen steigen,
Du kannst die sichern Blicke
In Menschenwirrnis richten,
Du wirst in Licht und Finsternis
Dich selbst bewahren.

Mir aber kann ein jeder Augenblick
Mich selber rauben.
Ich mußte in die Menschen untertauchen,
Die sich vorhin in Worten offenbarten.
Ich folgt' dem einen in die Klostereinsamkeit,
Ich hörte in des andern Seele
Felicias Märchen.
Ich war ein jeder,
Nur selbst erstarb ich mir.
Ich müßte glauben können,
Daß Nichts der Wesen Ursprung sei,
Wenn ich die Hoffnung hegen sollte,
Daß aus dem Nichts in mir
Ein Mensch je werden könne.
Mich führt aus Furcht in Finsternis
Und jagt durch Finsternis in Furcht
Der Weisheit Wesenswort:
O Mensch, erkenne dich!

(Aus Quellen und Felsen tönt es: *O Mensch, erkenne dich!*)

(Der Vorhang fällt.)

DRITTES BILD

Ein Meditationszimmer. Benedictus, Johannes, Maria, Kind.

MARIA:
Ich bringe euch das Kind,
Es braucht ein Wort aus eurem Munde.

BENEDICTUS:
Mein Kind, du sollst fortan
An jedem Abend zu mir kommen,
Zu holen dir das Wort,
Das dich erfüllen soll,
Bevor das Seelenreich des Schlafes du betrittst.
Willst du es so?

KIND:
Ich will es so gern.

BENEDICTUS:
Erfülle dein Gemüt an diesem Abend,
Bis dich der Schlaf umfängt,
Mit dieses Wortes Kraft:
«Es tragen Lichtgewalten
Mich in des Geistes Haus.»
(Das Kind wird von Maria hinausgeführt.)

MARIA:
Und nun, da dieses Kindes Schicksal
In Zukunft fließen soll
Im Schatten eurer Vaterhuld,
Erbitten darf des Führers Rat
Auch ich, die Mutter ihm geworden,
Wenn nicht durch Blutesbande,

So doch durch Schicksalsmächte.
Ihr wieset mir den Weg,
Den ich es führen sollte
Von jenem Tage an, da ich es fand,
Von seiner unbekannten Mutter
Mir vor die Tür gelegt.
Und wunderwirkend zeigten
Sich an dem Pflegling alle Regeln,
Nach welchen ich ihn führen durfte.
Zutage traten alle Kräfte,
Die in dem Leibe und der Seele keimten.
Es zeigte sich, wie eure Weisung
Entsprossen war dem Reiche,
Das dieses Kindes Seele barg,
Bevor sie baute ihres Leibes Hülle.
Erwachsen sahen wir die Menschenhoffnung,
Die heller strahlte jeden neuen Tag.
Ihr wißt, wie schwer des Kindes Neigung
Ich erst gewinnen konnte.
Es wuchs heran in meiner Pflege,
Und mehr nicht als Gewohnheit
Verband erst seine Seele mit der meinen.
Es stand zu mir, empfindend,
Daß ich ihm reichte, was ihm nötig war
Für Leibeswohl und Seelenwachstum.
Es kam die Zeit, in welcher
Im Kindesherzen sich erzeugte
Die Liebe zu der Pflegerin.
Ein äußrer Anlaß brachte solche Wandlung.
Es trat in unsern Kreis die Seherin.
Das Kind war gern um sie,
Und manches schöne Wort
Erlernte es in ihrem Zauberbann.
Da kam ein Augenblick, in dem Begeisterung

Erfaßte unsre wundersame Freundin,
Und schauen konnte unser Kind
Der Augen glimmend Licht.
Erschüttert bis ins Lebensmark
Empfand die junge Seele sich.
Sie kam in ihrem Schreck zu mir.
Von dieser Stunde an
War mir das Kind in Liebe warm ergeben.
Doch seit bewußtes Fühlen
Von mir empfing die Lebensgaben,
Und nicht der Trieb allein,
Seit wärmer dieses junge Herz erbebte,
Sobald sein Blick den meinen liebend traf,
Verloren eure Weisheitsschätze ihre Fruchtbarkeit.
Verdorren mußte vieles,
Was schon gereift dem Kinde.
Erscheinen sah ich an dem Wesen wieder,
Was an dem Freunde furchtbar sich erwiesen.
Ich bin mir immer mehr ein dunkles Rätsel.
Du kannst mir wehren nicht die bange Lebensfrage:
Warum verderb' ich Freund und Kind,
Wenn liebend ich das Werk versuch'
An ihnen zu verüben,
Das mich die Geistesweisung
Als gut erkennen läßt im Herzen?
Du hast mich an die hohe Wahrheit oft gewiesen,
Daß Schein sich breitet an des Lebens Oberfläche,
Doch muß ich Klarheit haben,
Soll ich ertragen dies Geschick,
Das grausam ist und Böses wirkt.

BENEDICTUS:

Es formt sich hier in diesem Kreise
Ein Knoten aus den Fäden,

Die Karma spinnt im Weltenwerden.
O Freundin, deine Leiden
Sind Glieder eines Schicksalsknotens,
In dem sich Göttertat verschlingt mit Menschen-
Als auf dem Pilgerpfad der Seele [leben.
Erreicht ich hatte jene Stufe,
Die mir die Würde gab,
Mit meinem Rat zu dienen in den Geistersphären,
Da trat zu mir ein Gotteswesen,
Das niedersteigen sollte in das Erdenreich,
Um eines Menschen Fleischeshülle zu bewohnen.
Es fordert dies das Menschenkarma
An dieser Zeiten Wende.
Ein großer Schritt im Weltengang
Ist möglich nur, wenn Götter
Sich binden an das Menschenlos.
Es können sich entfalten Geistesaugen,
Die keimen sollen in den Menschenseelen,
Erst wenn ein Gott das Samenkorn
Gelegt in eines Menschen Wesenheit.
Es wurde mir nun aufgegeben,
Zu finden jenen Menschen,
Der würdig war, des Gottes Samenkraft
In seine Seele aufzunehmen.
So mußte ich verbinden Himmels-Tat
Mit einem Menschenschicksal.
Mein geistig Auge forschte.
Es fiel auf dich.
Bereitet hatte dich dein Lebenslauf zum Heiles-
In vielen Leben hattest du erworben dir [mittler.
Empfänglichkeit für alles Große,
Das Menschenherzen leben.
Der Schönheit edles Wesen, der Tugend höchste
Du trugst als Geisteserbe sie [Forderung,

In deiner zarten Seele.
Und was dein ewig Ich
Ins Dasein durch Geburt gebracht,
Es ward zur reifen Frucht
In deinen jungen Jahren.
Zu früh nicht stiegest du
Auf steile Geisteshöhen.
Und so erstand dir nicht
Der Hang zum Geisterland,
Bevor du voll erfaßt
Der Sinne unschuldvolle Freuden.
Erkennen lernte deine Seele Zorn und Liebe,
Als ihrem Denken jeder Trieb
Zum Geist noch ferne war.
Natur in ihrer Schönheit zu genießen,
Der Künste Früchte pflücken,
Erstrebtest du als deines Lebens Reichtum.
Du durftest heiter lachen,
Wie nur ein Kind kann lachen,
Das von des Daseins Schatten
Noch nichts erfahren hat.
Du lerntest Menschenglück verstehn
Und Leid beklagen in den Zeiten,
Da deinem Ahnen selbst nicht dämmerte,
Zu fragen nach des Glückes und des Leides
Als reife Frucht von vielen Leben [Wurzeln.
Betritt das Erdensein die Seele,
Die solche Stimmung zeigt.
Und ihre Kindlichkeit ist Blüte,
Nicht Wurzel ihres Wesens.
Nur diese Seele durfte ich erkiesen
Zum Mittler für den Geist,
Der Wirkenskraft erlangen sollte
Durch unsre Menschenwelt.

Und nun begreife, daß dein Wesen
Sich wandeln muß zum Gegenbild,
Ergießt aus dir es sich in andre Wesen.
Der Geist in dir, er wirkt in allem,
Was für das Reich der Ewigkeit
An Früchten reifen kann im Menschenwesen.
Ertöten muß er darum vieles,
Was nur dem Reich des Zeitenseins gehören soll.
Doch seine Todesopfer
Sind Saaten der Unsterblichkeit.
Dem höhern Leben muß erwachsen,
Was aus dem niedern Sterben blüht.

MARIA:
So also steht's mit mir. – – – –
Du gibst mir Licht,
Doch Licht, das mir die Kraft des Sehens raubt
Und mich mir selbst entreißt.
Bin ich denn eines Geistes Mittler nur
Und nicht mein eigen Wesen,
Dann dulde ich nicht länger
Die Form an mir,
Die Maske und nicht Wahrheit ist.

JOHANNES:
O Freundin, was ist dir!
Es schwindet deines Blickes Licht,
Zur Säule wird dein Leib,
Ich fasse deine Hand,
Sie ist so kalt,
Sie ist wie tot.

BENEDICTUS:
Mein Sohn, du hast der Proben viel erfahren,

Du stehst in dieser Stunde vor der stärksten,
Du schaust der Freundin Leibeshülle,
Vor meinem Blick jedoch
Entschwebt ihr *Selbst* in Geistersphären.

JOHANNES:

O sieh! die Lippen regen sich.
Sie spricht – – – –

MARIA:

Du gabst mir Klarheit,
Ja, Klarheit, die in Finsternis
Mich hüllt nach allen Seiten.
Ich fluche deiner Klarheit,
Und dich verfluche ich,
Der mich zum Werkzeug
Der wilden Künste formte,
Durch die er Menschen täuschen will. –
Ich habe keinen Augenblick bisher
An deiner Geisteshöhe zweifeln können,
Doch jetzt genügt der eine Augenblick,
Aus meinem Herzen mir zu reißen jeden Glauben.
Erkennen muß ich, daß sie Höllenwesen sind,
Die Geister, welchen du ergeben bist.
Ich mußte andre täuschen,
Weil du erst mich getäuscht!
Ich will dich fliehn in Fernen,
Wohin von dir kein Laut mehr dringt
Und die doch nah genug,
Daß meine Flüche dich erreichen können!
Des eignen Blutes Feuer,
Du hast es mir geraubt,
Um deinem falschen Gott zu geben,
Was mein sein muß.

O dieses Blutes Feuer,
Es soll dich brennen!
Ich mußte glauben
An Trug und Wahn.
Und daß es möglich wurde,
Zum Truggebilde mußtest du
Mich selbst erst machen!
Ich mußte oft erleben,
Wie meines Wesens Wirkung
Ins Gegenbild sich wandelte.
So wandle jetzt,
Was Liebe war zu dir,
In wilden Hasses Feuer sich.
Ich will in allen Welten
Nach jenem Feuer forschen,
Das dich verzehren kann.
Ich flu – – – – ach – – – –

JOHANNES:

Wer spricht an diesem Ort?
Ich schau die Freundin nicht!
Ich schau ein grausig Wesen.

BENEDICTUS:

Der Freundin Seele schwebt in Höhen,
Sie ließ ihr sterblich Scheinbild
An diesem Ort zurück uns nur.
Und wo ein Menschenleib
Vom Geist verlassen wird,
Ist Raum, den sich
Des Guten Widersacher sucht,
Um einzutreten in das Reich der Sichtbarkeit.
Er findet eine Leibeshülle,
Durch die er sprechen kann.

Es sprach ein solcher Widersacher,
Der mir zerstören will das Werk,
Das mir obliegt
Für vieler Menschen Zukunft
Und auch für dich, mein Sohn.
Und könnt' ich halten jene Flüche,
Die unsrer Freundin Hülle eben sprach,
Für andres als Versucherlist,
Du dürftest mir nicht folgen.
Des Guten Widersacher war an meiner Seite;
Und du, mein Sohn,
Hast stürzen sehn in Finsternis,
Was zeitlich ist an jenem Wesen,
Dem deine ganze Liebe strahlt.
Weil Geister dir so oft
Aus ihrem Mund gesprochen,
Ersparte dir das Weltenkarma nicht,
Den Höllenfürsten auch
Durch sie zu hören.
Nun darfst du erst sie suchen
Und ihres Wesens Kern erkennen.
Sie soll dir Vorbild jenes höhern Menschen sein,
Zu dem du dich erheben sollst.
Es schwebet ihre Seele in die Geisteshöhen,
Wo Menschen ihres Wesens Urform finden,
Die in sich selbst sich gründet.
Du sollst zum Geistgebiet ihr folgen,
Und schauen wirst du sie im Sonnentempel.
Es formt sich hier
In diesem Kreise
Ein Knoten aus den Fäden,
Die Karma spinnt
Im Weltenwerden.
Mein Sohn, da du bis jetzt gehalten dich,

Wirst du auch weiterdringen.
Ich sehe deinen Stern im vollen Glanze.
Es ist nicht Raum im Sinnensein
Für Kämpfe, welche kämpfen Menschen,
Die nach der Weihe streben.
Was Sinnensein an Rätsel hat,
Die mit Verstand zu lösen,
Was solches Sein erzeugt in Menschenherzen,
Es mag durch Liebe oder Haß entstehen
Und sich entladen noch so schauervoll:
Dem Geistessucher muß es werden
Ein Feld, auf das er unbeteiligt
Den Blick von außen richten kann.
Ihm müssen Kräfte sich entfalten,
Die nicht auf diesem Feld zu finden sind.
Du mußtest dich durch Seelenprüfung ringen,
Die dem nur werden kann,
Der sich gerüstet
Für solche Mächte findet,
Die Geistes-Welten angehören.
Und wärest du von diesen Mächten
Nicht reif befunden zum Erkenntnisweg,
Sie hätten dir das Fühlen lähmen müssen,
Bevor du wissen durftest,
Was dir bekannt nun ist geworden.
Die Wesen, die in Welten-Gründe schauen,
Sie führen Menschen,
Die zu den Höhen streben,
Zuerst auf jenen Gipfel,
Wo es sich zeigen kann,
Ob ihnen Kraft gegeben,
Bewußt zu schauen Geistessein.
Die Menschen, welchen solche Kräfte eigen sind,
Sie werden aus der Sinnenwelt entlassen;

Die andern müssen warten.
Du hast dein Selbst bewahrt, mein Sohn,
Als Höhenkräfte dich erschütterten,
Und als dich Geistesmächte
In Schauer hüllten.
Und kraftvoll hat dein Selbst sich durchgekämpft,
Auch als in eigner Brust die Zweifel wühlten
Und dich den dunklen Tiefen überliefern wollten.
Du bist mein wahrer Schüler
Erst seit der inhaltvollen Stunde,
Wo du an dir verzweifeln wolltest,
Wo du dich selbst verloren gabst,
Und wo die Kraft in dir dich dennoch hielt.
Ich durfte dir an Weisheitsschätzen geben,
Was Kraft dir brachte,
Dich selbst zu halten,
Auch da du selbst an dich nicht glaubtest.
Es war die Weisheit,
Die du errungen,
Dir treuer als der Glaube,
Der dir geschenkt.
Du bist als reif befunden.
Du darfst entlassen werden.
Die Freundin ist vorangeschritten,
Du wirst im Geist sie finden.
Ich kann dir noch die Richtung weisen:
Entzünde deiner Seele volle Macht
An Worten, die durch meinen Mund
Den Schlüssel geben zu den Höhen.
Sie werden dich geleiten,
Auch wenn dich nichts mehr leitet,
Was Sinnesaugen noch erblicken können.
Mit vollem Herzen wolle sie empfangen:
Des Lichtes webend Wesen, es erstrahlet

Durch Raumesweiten,
Zu füllen die Welt mit Sein.
Der Liebe Segen, er erwarmet
Die Zeitenfolgen,
Zu rufen aller Welten Offenbarung.
Und Geistesboten, sie vermählen
Des Lichtes webend Wesen
Mit Seelenoffenbarung;
Und wenn vermählen kann mit beiden
Der Mensch sein eigen Selbst,
Ist er in Geisteshöhen lebend.
O Geister, die erschauen kann der Mensch,
Belebet unsres Sohnes Seele.
Im Innern lasset ihm erstrahlen,
Was ihm durchleuchten kann
Die Seele mit dem Geisteslicht.
Im Innern lasset ihm ertönen,
Was ihm erwecken kann
Das Selbst zu Geistes Werdelust.

GEISTESSTIMME (hinter der Bühne):
Es steigen seine Gedanken
In Urweltgründe.
Was als Schatten er gedacht,
Was als Schemen er erlebt,
Entschwebet der Gestaltenwelt,
Von deren Fülle
Die Menschen denkend
In Schatten träumen,
Von deren Fülle
Die Menschen sehend
In Schemen leben.

(Der Vorhang fällt.)

VIERTES BILD

Eine Landschaft, die durch ihre Eigenart den Charakter der Seelenwelt ausdrücken soll. Es treten auf zuerst Lucifer und Ahriman; Johannes ist, in Meditation versunken, an der Seite sichtbar; das Folgende wird von ihm in der Meditation erlebt.

LUCIFER:

O Mensch, erkenne dich,
O Mensch, empfinde mich.
Du hast dich entrungen
Der Geistesführung
Und bist geflohn
In freie Erdenreiche.
Du suchtest eignes Wesen
In Erdenwirrnis;
Dich selbst zu finden,
Es ward dir Lohn,
Es ward dein Los.
Du fandest mich.
Es wollten Geister
Dir Schleier vor die Sinne legen.
Ich riß entzwei die Schleier.
Es wollten Geister
In dir nur ihrem Willen folgen.
Ich gab dir Eigenwollen.
O Mensch, erkenne dich,
O Mensch, empfinde mich.

AHRIMAN:

O Mensch, erkenne mich,
O Mensch, empfinde dich.
Du bist entflohen
Aus Geistesfinsternis.

Du hast gefunden
Der Erde Licht.
So sauge Kraft der Wahrheit
Aus meiner Festigkeit.
Ich härte sichern Boden.
Es wollten Geister
Der Sinne Schönheit dir entreißen.
Ich wirke diese Schönheit
In dichtem Licht.
Ich führe dich
In wahre Wesenheit.
O Mensch, erkenne mich,
O Mensch, empfinde dich.

LUCIFER:
Es gab nicht Zeiten,
Da du mich nicht erlebtest.
Ich folgte dir durch Lebensläufe.
Erfüllen durft' ich dich
Mit starker Eigenheit,
Mit Selbstseinsglück.

AHRIMAN:
Es gab nicht Zeiten,
Da du mich nicht erschautest.
Mich schauten deine Leibesaugen
In allem Erdenwerden.
Erglänzen durft' ich dir
In stolzer Schönheit,
In Offenbarungsseligkeit.

JOHANNES (in der Meditation zu sich selbst):
Das ist das Zeichen, von dem Benedictus sprach.
Die beiden Mächte stehen vor der Seelenwelt.

Die eine lebt im Innern als Versucher,
Die andre trübt den Blick,
Wenn er nach außen ist gerichtet.
Die eine nahm des Weibes Form jetzt an,
Das mir den Seelenwahn vors Auge brachte,
Die andre findet sich in allen Dingen.

(Lucifer und Ahriman verschwinden. Es tritt auf der Geist der Elemente mit Capesius und Strader, die er aus Erdentiefen zur Erdenoberfläche gebracht hat. Es ist zu denken, daß sie die Erdenoberfläche als Seelen sehen.)

GEIST DER ELEMENTE:

So seid ihr denn am Orte,
Den ihr so heiß ersehnt.
Es machte mir gar schwere Sorge,
Den Wunsch euch zu erfüllen.
In wildem Sturme rasten
Die Elemente und die Geister,
Als ihr Bereich betreten
Ich mußt' mit eurem Wesen;
Es widerstrebte euer Sinn
Dem Walten meiner Kräfte.

CAPESIUS (verjüngt):

Geheimnisvolles Wesen,
Wer bist du,
Der mich durch Geistersphären
In dieses schöne Reich gebracht?

GEIST DER ELEMENTE:

Mich schaut die Menschenseele,
Erst wenn zu Ende ist
Der Dienst, den ich ihr leiste.
Doch folgt sie meinen Mächten
Durch alle Zeitenläufe.

CAPESIUS:

Es drängt nur wenig mich,
Zu fragen nach dem Geist,
Der mich hierher geführt.
Ich fühle in dem neuen Feld
Erwarmen meines Lebens Kräfte.
Dies Licht, es weitet mir die Brust.
Ich spüre alle Macht der Welt
In meinen Pulsen schlagen.
Und Vorgefühl der höchsten Leistung
Entringt sich meinem Herzen.
Ich will in Worte wandeln
Des Reiches Offenbarung,
Das herrlich mich erquickt.
Und Menschenseelen sollen
Zu schönstem Sein erblühn,
Wenn ich Begeistrung aus den Quellen,
Die hier mir fließen,
Eröffnen kann dem Leben.

(Blitz und Donner aus den Tiefen und Höhen.)

STRADER (gealtert):

Warum erbebt die Tiefe,
Warum erdröhnt die Höhe,
Da schönste Hoffnungsträume
Entringen sich der jugendlichen Seele?

(Blitz und Donner.)

GEIST DER ELEMENTE:

Euch Menschenträumern
Erklingt gar stolz solch Hoffnungswort;
Doch ruft in Weltentiefen
Des irren Denkens Wahn

Solch Echo immerdar.
Ihr hört es nur in Zeiten,
Die euch in meine Nähe führen.
Ihr glaubt der Wahrheit
Erhabne Tempel zu erbauen,
Doch eurer Arbeit Folge
Entfesselt Sturmgewalten
In Urwelttiefen.
Es müssen Geister Welten brechen,
Soll euer Zeitenschaffen
Verwüstung nicht und Tod
Den Ewigkeiten bringen.

STRADER:
So wäre vor den Ewigkeiten
Ein irrer Wahn,
Was Wahrheit scheint
Dem besten Menschenforschen!

(Blitz und Donner.)

GEIST DER ELEMENTE:
Ein irrer Wahn,
So lang der Sinn nur forscht
Im geisterfremden Reich.

STRADER:
Du magst wohl Träumer nennen
Die jugendfrohe Freundesseele,
Die mit so edler Feuerkraft
Das Ziel sich wacker malt.
In meinem alten Herzen
Erstirbt jedoch dein Wort
Trotz Sturm und Donner,

Die es zu Helfern hat.
Ich rang mich aus dem Klosterfrieden
Zu stolzem Forschersinn.
Ich habe viele Jahre lang
Im Lebenssturm gestanden.
Man glaubt mir, was
Aus tiefstem Wahrheitssinn
Ich Menschen anvertraut.

(Blitz und Donner.)

GEIST DER ELEMENTE:

Es ziemt dir, zu bekennen,
Daß niemand wissen kann,
Woraus des Denkens Quellen strömen,
Und wo des Daseins Gründe liegen.

STRADER:

O dieses Wort, es ist das gleiche,
Das in der Jugend Hoffnungstagen
In eigner Seele mir
So grausig oft erklungen,
Wenn festgeglaubte Stützen
Im Menschendenken wankten.

(Blitz und Donner.)

GEIST DER ELEMENTE:

Bezwingst du mich
Mit deinen stumpfen Denkerwaffen nicht,
Bist mehr du nicht
Als flüchtig Truggebild
Des eignen Wahnes nur.

STRADER:

Schon wieder solch ein schaurig Wort.

Auch dies erklang mir einst
Aus meinem eignen Innern,
Als eine Seherin
Den Kreis des sichern Denkens mir zerstören
Und mich des Zweifels Stachel
Bedrohlich wollte fühlen lassen.
Doch das ist wohl vorbei.
Ich trotze deiner Macht,
Du Alter, der des eignen Wesens Abbild
In des Naturgebieters Maske
So täuschend mir versinnlicht.
Es wird Vernunft dich niederzwingen,
Doch anders, als du meinst.
Hat sie im Menschen erst
Erstiegen ihre stolze Höhe,
Wird sie die Meisterin wohl sein
Und nicht die Dienerin in der Natur.

(Blitz und Donner.)

GEIST DER ELEMENTE:

Es ist die Welt geordnet so,
Daß Leistung stets verlangt
Die Gegenleistung.
Ich habe euch das Selbst gegeben;
Ihr schuldet mir den Lohn.

CAPESIUS:

Ich will aus meiner Seele schaffen
Der Dinge geistig Ebenbild.
Und wenn Natur, zu Idealen
Verklärt, ersteht in Menschenwerken,
Ist sie belohnt genug
Durch ihre echte Spiegelung.
Und wenn du selber

Verwandt dich fühlst
Der großen Weltenmutter
Und aus den Tiefen stammst,
Wo Urweltmächte walten,
So laß dir meinen Willen,
Der zu den hohen Zielen
In Kopf und Brust mir lebt,
Den Lohn sein deiner Tat.
Sie hat aus stumpfem Fühlen
Zu stolzem Denken mich gehoben.

(Blitz und Donner.)

GEIST DER ELEMENTE:
Ihr konntet sehen,
Wie wenig eure kühnen Worte
In meinem Reiche gelten.
Den Sturm entfesseln sie,
Und Elemente rufen sie
Zu aller Ordnung Gegnern auf.

CAPESIUS:
So magst du holen dir
Den Lohn, wo du ihn findest;
Des Menschen Seelentriebe müssen
Auf echten Geisteshöhen
Sich selber Maß und Ordnung geben.
Er kann nicht schaffen,
Wenn seines Schaffens Werk
Die andern nutzen wollen.
Es ist des Vogels Lied,
Das aus der Kehle dringt,
Sich selbst genug.
Und so ist Lohn dem Menschen auch,
Wenn schaffend er

Im Wirken Seligkeit erlebt.
(Blitz und Donner.)

– – – – – – – – – – –

GEIST DER ELEMENTE:

Es geht nicht an,
Daß ihr den Lohn mir weigert;
Und könnt ihr selbst ihn mir nicht leisten,
So sagt der Frau,
Die euren Seelen Kraft verleiht,
Daß sie für euch bezahle.
(Der Geist der Elemente verschwindet.)

CAPESIUS:

Er ist fort.
Wohin wohl wenden wir uns nun?
Zurecht erst uns zu finden
In diesen neuen Welten,
Wird unsre Sorge sein.

STRADER:

Dem besten Wege,
Den wir nun treffen können,
Vertrauend folgen
Und unsre Vorsicht brauchen:
Das wird das Ziel uns geben.

CAPESIUS:

Mich dünkt, man sollte
Vom Ziele lieber schweigen.
Es wird sich finden,
Wenn mutig wir gehorchen
Dem Trieb der innern Wesenheit.
Und mir sagt dieser Trieb:

Das Wahre sei dir Führer;
Entfalte starke Kräfte
Und forme sie in edler Art
In allem, was du wirkst,
Und deine Schritte müssen
Ans rechte Ziel gelangen.

STRADER:

Doch darf vom Anbeginn
Bewußtsein rechter Ziele
Ermangeln nicht den Schritten,
Die Menschen Nutzen bringen
Und Glück erschaffen wollen.
Wer nur sich selber dienen mag,
Er folgt allein dem Herzensdrang;
Wer andern aber helfen will,
Muß sicher wissen,
Was seinem Leben nötig ist.
(Die andre Maria wird – ebenfalls in Seelenform – sichtbar.)
– – – – – – – – – – –
Doch sieh, welch sonderbares Wesen!
Es ist, als ob der Fels
Es selbst geboren hätte.
Aus welchem Weltengrund
Erstehen solche Wesen?

DIE ANDRE MARIA:

Ich ringe mich durch Felsengründe
Und will der Felsen eignen Willen
In Menschenworte kleiden;
Ich wittre Erdenwesenheit
Und will der Erde eignes Denken
Im Menschenkopfe denken.
Ich schlürfe reine Lebenslüfte

Und bilde Luftgewalten
In Menschenfühlen um.

STRADER:
Dann kannst du uns nicht helfen.
Was in Natur verbleiben muß,
Ist fern dem Menschenstreben.

CAPESIUS:
Ich liebe deine Sprache, Frau,
Und möchte gerne übersetzen
In meine Art die deine.

DIE ANDRE MARIA:
Mir wird so sonderbar
Bei euren stolzen Reden.
So wie ihr selber sprecht,
Ist unverständlich meinem Ohr.
Doch lasse ich erst eure Worte
Aus meinem Wesen anders tönen,
Verbreiten sie sich über alle Dinge,
Die meinen Umkreis füllen,
Und deuten ihre Rätsel.

CAPESIUS:
Ist Wahrheit deine Rede,
So wandle uns
Die Fragen nach den rechten Lebenswerten
In deine Sprache,
So daß Natur uns Antwort gebe.
Denn unvermögend sind wir selbst,
Die große Mutter so zu fragen,
Daß sie uns hören kann.

DIE ANDRE MARIA:

Ihr seht in mir die niedre Schwester nur
Des hohen Geisteswesens,
Das jenes Reich bewohnt,
Aus dem ihr eben kommt.
Sie hat dies Feld mir angewiesen,
Daß hier ich ihren Abglanz
Für Menschensinne zeige.

CAPESIUS:

So sind dem Reiche wir entflohn,
Das unsre Sehnsucht stillen könnte?

DIE ANDRE MARIA:

Wenn ihr den Weg zurück
Nicht wieder findet,
Gedeiht ihr nimmermehr.

CAPESIUS:

Und welcher ist der rechte Weg?

DIE ANDRE MARIA:

Es gibt der Wege zwei,
Erwächst mir meine Kraft zu ihrer Höhe,
So können alle Wesen meines Reichs
In hehrster Schönheit strahlen.
Es glänzt dann funkelnd Licht
Von Fels und Wasser;
Der Farben reichste Fülle
Verbreitet sich im Umkreis,
Und Heiterkeit der Wesen
Erfüllt die Luft mit frohen Tönen.
Ergibt sich eure Seele dann
Den reinen Wonnen meines Seins,

So schwebet ihr auf Geistesflügeln
Im Weltenurbeginne.

STRADER:
Das ist kein Weg für uns.
Er heißt in unsrer Sprache Schwärmerei.
Wir wollen auf dem Boden bleiben,
Nicht in die Wolkenhöhen fliegen.

DIE ANDRE MARIA:
Und wollt ihr wandeln
Den andern Weg,
Ihr müßt verzichten
Auf euren stolzen Geist.
Vergessen, was Vernunft gebeut,
Natursinn erst erobern eurem Wesen,
In Mannesbrust die Kindesseele,
Von des Gedankens Schattenbildern unberührt,
Natürlich walten lassen.
So kommt ihr zwar nicht wissend,
Doch sicher zu des Lebens Quellen.
(Die andre Maria verschwindet.)

CAPESIUS:
So sind wir doch
Auf uns nur selbst zurückgewiesen.
Und haben bloß gelernt,
Daß uns geziemt zu wirken
Und in Geduld die Früchte zu erwarten,
Die aus dem Wirken reifen.

JOHANNES (wie aus der Meditation; er ist hier wie auch im folgenden abseits sitzend und gehört nicht selbst in die Handlung hinein):

So finde ich im Seelenreich
Die Menschen wieder, die bekannt mir sind:
Den Mann, der von Felicias Geschichten sprach –
Nur konnt' ich hier ihn schauen,
Wie er in jungen Jahren war;
Und jenen, der als junger Mann
Zum Mönche sich bestimmt –
Als alter Mann erschien er mir.
Der Geist der Elemente war bei ihnen.

(Vorhang)

FÜNFTES BILD

Ein unterirdischer Felsentempel, die verborgene Mysterienstätte der Hierophanten. Benedictus, Theodosius, Romanus, Retardus; Felix Balde, die andre Maria. Johannes in Meditation, wie im vorigen Bilde.

BENEDICTUS (im Osten):

Die ihr Gefährten mir geworden
Im Reich des ewig Seienden,
Ich bin in eurer Mitte jetzt
Die Hilfe mir zu holen,
Der ich von euch bedarf
Zum Schicksalsfaden eines Menschen,
Der Licht von hier empfangen soll.
Er ist geschritten durch die Leidensproben
Und hat in bittrer Seelennot
Den Grund gelegt zur Weihe,
Die ihm Erkenntnis geben soll.
Erfüllt ist nun die Sendung,
Die mir obliegt als Geistesbote,
Der dieses Tempels Schätze
Zu Menschen bringen soll.
An euch, ihr Brüder, ist es jetzt
Mein Wirken zu vollenden.
Ich habe ihm gezeigt das Licht,
Das ihn geführt
Zum ersten Geistesschauen.
Doch soll aus Bild
Ihm Wahrheit werden,
Muß euer Werk
Zu meinem Werke kommen.
Mein Wort, es ist aus mir allein;
Durch euch ertönen Weltengeister.

THEODOSIUS (im Süden):
Es spricht die Kraft der Liebe,
Die Welten bindet
Und Wesen mit dem Sein erfüllt.
Es fließe Wärme in sein Herz.
Er soll begreifen,
Wie er dem Weltengeist
Sich naht durch Opferung
Des Wahnes seiner Eigenheit.
Du hast entbunden jetzt
Sein Schauen aus dem Sinnesschlaf;
Die Wärme wird den Geist erwecken
Aus seinem Seelenwesen.
Du hast das Selbst gezogen
Aus seiner Leibeshülle;
Die Liebe wird die Seele festigen,
Daß sie zum Spiegel werden kann,
Aus dem geschaut muß werden,
Was in der Geisteswelt geschieht.
Die Liebe wird die Kraft ihm geben,
Sich selbst als Geist zu fühlen,
Und so das Ohr ihm schaffen,
Das Geisterworte hört.

ROMANUS (im Westen):
Auch meine Worte sind
Nicht eignen Wesens Offenbarung;
Es spricht der Weltenwille.
Und da gebracht du hast
Den Menschen, der dir anvertraut,
Zur Kraft, im Geist zu leben,
So soll die Kraft ihn führen
Durch Raumesgrenzen und durch Zeitenenden.
In jene Sphären soll er gehen,

Wo Geister schaffend handeln.
Sie sollen ihm sich offenbaren
Und Taten von ihm fordern.
Er wird sie willig tun.
Der Weltenbildner Ziele,
Sie werden ihn beleben;
Und Urbeginne sollen
Durchgeistern ihn.
Die Weltgewalten werden
Durchkraften ihn;
Die Sphärenmächte
Durchleuchten ihn;
Und Weltenherrscher
Befeuern ihn.

RETARDUS (im Norden):
Ihr mußtet seit dem Erdbeginn
In eurer Mitte mich ertragen.
So muß in eurem Rate
Auch heute meinem Wort
Gehör gegeben sein.
Bis ihr vollführen könnt,
Was ihr so schön besprochen,
Ist wohl noch eine Weile Zeit.
Noch hat die Erde selbst
Durch nichts uns angekündigt,
Daß sie Verlangen trägt
Nach neuen Eingeweihten.
So lange nicht betreten haben
Den Raum, in welchem wir beraten,
Die Wesen, die noch ungeweiht
Den Geist entbinden können
Aus Sinnes-Wirklichkeiten,
So lange bleibt mir's unbenommen,

Zu hemmen euren Eifer.
Erst müssen sie uns Botschaft bringen,
Daß neue Offenbarung
Der Erde nötig scheint.
Ich halte euer Geisteslicht
Deshalb zurück in diesem Tempel,
Auf daß nicht Schaden
Statt Heil es bringe,
Wenn es die Seelen unreif trifft.
Ich gebe aus mir selbst
Dem Menschen jenen Teil,
Der ihm die Sinneswahrheit
Als Höchstes läßt erscheinen,
So lang die Geistesweisheit
Sein Auge blenden könnte.
Der Glaube mag auch ferner
Zum Geist ihn führen;
Und seines Wollens Ziele,
Sie können durch Begierden,
Die blind im Finstern tasten,
Gelenkt noch weiter werden.

ROMANUS:

Wir mußten seit dem Erdbeginn
In unsrer Mitte dich ertragen.
Doch ist die Zeit nun abgelaufen,
Die deinem Wirken zugemessen.
Es fühlt in mir der Weltenwille,
Daß jene Menschen nahen,
(Felix Balde erscheint in seiner irdischen Gestalt, die andre Maria in Seelenform aus dem Felsen.)
Die ungeweiht, aus Sinnenschein
Den Geist entbinden können.
Zu hemmen unsre Schritte

Ist dir vergönnt nicht länger.
Aus freiem Willen werden sie
Sich unserm Tempel nahen
Und dir die Botschaft bringen,
Daß sie mit uns vereint
Am Geisteswerke helfen wollen.
Sie fanden sich bis jetzt
Dazu noch nicht bereit,
Sie hingen an dem Glauben,
Daß Seherkräfte von Vernunft
Getrennt sich halten sollen.
Sie haben nun erkannt,
Wozu Vernunft den Menschen führt,
Wenn sie vom Schauen abgesondert
In Weltentiefen sich verirrt.
Sie werden zu dir sprechen
Von Früchten, die aus deiner Kraft
In Menschenseelen reifen müssen.

RETARDUS:

Ihr, die ihr unbewußt
Mein Schaffen habt gefördert,
Ihr sollt mir weiterhelfen.
Wenn ihr euch ferne haltet allem,
Was nur in mein Gebiet gehört,
So wird auch eurem Wirken
Der Raum gewahrt stets bleiben,
Wie ihr bisher ihn hattet.

FELIX BALDE:

Mir hat befohlen eine Kraft,
Die aus den Erdengründen
Zu meinem Geiste spricht,
Zu gehen an den Weiheort.

Sie will durch mich euch künden
Von ihrer Sorge, ihrer Not.

BENEDICTUS:

Mein Freund, so sage uns,
Was du in deinen Seelengründen
Vom Kummer in den Erdentiefen
Erkundet hast.

FELIX BALDE:

Das Licht, das in den Menschen
Als Frucht des Wissens leuchtet,
Es soll zur Nahrung werden
Den Mächten, die im Erdendunkel
Dem Weltengange dienen.
Sie müssen nun seit lange schon
Der Sättigung fast ganz entbehren.
Denn was in diesen Tagen
Erwächst in Menschenhirnen,
Es dient der Erdenoberfläche,
Doch in die Tiefen dringt es nicht.
Es spukt ein neuer Aberglaube
In klugen Menschenköpfen.
Sie richten ihren Blick in Urbeginne
Und wollen in den Geistersphären
Gespenster sehen nur,
Erdacht aus Sinnenwahn.
Der Händler hielte sicher geistverworren
Den Käufer, der ihm sagen wollte:
Es kann im Tal der Nebeldunst
Sich zu dem baren Gelde ballen;
Du aber sollst bezahlt
Mit diesem Gelde sein.
Der Händler will Dukaten nicht

Aus Nebeldunst erwarten.
Doch durstet er
Nach Lösung höchster Daseinsrätsel,
So nimmt er ganze Weltenbaue
Aus Urweltnebeln willig hin,
Wenn Wissenschaft als Zahlung
Zum Geistbedarf sie reicht.
Der Lehrer, der erführe:
Es wollt' ein Laienwicht
Ganz ohne Prüfung selber sich
In Wissenshöhen heben,
Er würde mit Verachtung drohn.
Doch Wissenschaft bezweifelt nicht,
Daß ungeprüft und geistesleer
Das Urwelttier zum Menschen
Aus eigner Kraft sich wandeln könne.

THEODOSIUS:

Warum eröffnest du den Menschen
Nicht deines Lichtes Quellen,
Das in so hellem Strahl
Dir aus der Seele leuchtet?

FELIX BALDE:

Mich nennen Grübler und Phantast,
Die guten Willen haben.
Den andern aber gelte ich
Als dumpfer Tropf,
Der unbelehrt von ihnen
Der eignen Narrheit folgt.

RETARDUS:

Du zeigst, wie unbelehrt du bist
Schon durch die Einfalt dieser Rede.

Du weißt nicht, daß gescheit genug
Ein Mann der Wissenschaft,
Um solchen Einwand sich auch selbst zu machen.
Und macht er ihn sich nicht,
So kennt er auch den Grund.

FELIX BALDE:

Ich weiß ganz gut,
Daß er gescheit genug wohl ist,
Den Einwand zu verstehn;
Doch sicher nicht gescheit genug,
An ihn zu glauben.

THEODOSIUS:

Was soll geschehn,
Den Erdenmächten jetzt zu geben,
Was sie so nötig haben?

FELIX BALDE:

So lang auf Erden
Gehör nur jene Menschen finden,
Die ihres Geistes Ursprung
Sich nicht entsinnen wollen,
So lange werden hungern
In Erdentiefen Erzgewalten.

DIE ANDRE MARIA:

Ich hör' aus deinen Worten, Bruder Felix,
Daß du die Zeit als abgelaufen denkst,
Da wir dem Erdendasein dienen sollten,
Um ohne Weihe durch das Weisheitslicht
Aus eignen Lebensgründen Geist und Liebe
Im Dasein zu beleben.
In dir erhoben sich die Erdengeister,

Um ohne Wissenschaft dir Licht zu schaffen.
In mir hat Liebe walten dürfen,
Die in dem Menschensein sich selbst bewirkt.
Wir wollen ferner im Verein mit jenen Brüdern,
Die in dem Tempel leisten Weihedienste,
In Menschenseelen fruchtbar wirken.

BENEDICTUS:

Wenn ihr euch eint mit uns,
So muß das Weihewerk gelingen.
Die Weisheit, die ich meinem Sohn erteilt,
Sie wird in ihm zur Macht erblühn.

THEODOSIUS:

Wenn ihr euch eint mit uns,
So muß die Opferlust erstehn.
Die Liebe wird dann warm durchwehn
Des Geistessuchers Seelenleben.

ROMANUS:

Wenn ihr euch eint mit uns,
So müssen Geistesfrüchte reifen
Und Taten keimen, die im Geisteswirken
Erwachsen aus der Seelenschülerschaft.

RETARDUS:

Wenn sie sich mit euch einen,
Was soll mit mir geschehen!
Es werden meine Taten
Dem Geistesschüler fruchtlos sein.

BENEDICTUS:

Du wirst zu andrem Sein dich wandeln,
Da du dein Werk getan.

THEODOSIUS:

Du wirst in Opfern weiterleben,
Wenn du dich selber opferst.

ROMANUS:

Du wirst in Menschentaten fruchten,
Wenn ich die Früchte pflegen kann.

JOHANNES (wie im vorigen Bilde aus der Meditation):

Es zeigten sich dem Seelenauge
Die Brüder in dem Tempel.
Sie glichen an Gestalt den Menschen,
Die ich im Sinnenschein schon kenne.
Nur Benedictus auch an Geist.
Der ihm zur Linken stand,
Ist jenem Manne gleich,
Der nur durch Fühlen sich dem Geiste nähern will.
Der dritte glich dem Menschen,
Der nur in Kurbeln und im äußern Werk
Die Lebensmächte gelten läßt.
Der vierte ist mir unbekannt.
Die Frau, die nach des Gatten Tod
Dem Geisteslicht sich zugewandt,
Ich sah sie hier in ihrem tiefsten Wesen.
Und Felix Balde kam,
Wie er im Leben ist.

(Vorhang fällt langsam.)

SECHSTES BILD

Dieselbe Szenerie wie im vierten Bilde. Der Geist der Elemente steht an derselben Stelle. Vor ihm Frau Balde; später German. Johannes in Meditation.

FRAU BALDE:

Du hast mich rufen lassen;
Was willst du von mir hören?

GEIST DER ELEMENTE:

Zwei Männer schenkte ich der Erde.
Es ward durch dich befruchtet
Der beiden Männer Geisteskraft.
In deinen Worten fanden sie
Belebung ihrer Seelen,
Wenn trocknes Sinnen sie gelähmt.
Was du gegeben ihnen,
Verschuldet dich auch mir.
Es reicht ihr Geist nicht aus,
Zu lohnen mir den Dienst,
Den ich an ihnen tat.

FRAU BALDE:

Es kam durch Jahre
Der eine Mann in unser Häuschen,
Zu holen sich die Kraft,
Die seinen Worten Feuer gab.
Er brachte später auch den andern mit.
Und so verzehrten beide
Die Früchte, deren Wert
Mir damals unbekannt.
Doch wenig Gutes
Erfuhr von ihnen ich als Gegengabe.

Sie schenkten unsrem Sohn
Erkenntnis ihrer Art.
Es war recht gut gemeint,
Doch unser Kind
Empfing dadurch den Seelentod.
Erwachsen war es in dem Licht,
Das Vater Felix aus den Quellen,
Den Felsen und den Bergen
Durch Geisterspruch erhalten.
Vereint damit ward alles,
Was mir gewachsen in der Seele
Seit meinen ersten Kinderjahren.
Des Sohnes Geistessinn
Erstarb im finstern Schatten
Der dunklen Wissenschaft.
Und statt des heitern Kindes
Erwuchs ein Mensch
Mit öder Seele
Und leerem Herzen.
Und nun verlangst du gar,
Daß ich bezahle,
Was sie dir schulden.

GEIST DER ELEMENTE:
Es muß so sein.
Hast du gedienet erst
Dem Erdenteil in ihnen,
Verlangt der Geist durch mich,
Daß du das Werk vollendest.

FRAU BALDE:
Es ist nicht meine Art,
Zu weigern, was ich *soll*;
Doch sage mir zuerst,

Ob Nachteil mir erwächst
Aus meinem Liebesdienst.

GEIST DER ELEMENTE:
Was du auf Erden erst für sie getan,
Es raubte deinem Kinde seine Seelenkraft.
Was du nun ihrem Geiste gibst,
Ist dir im eignen Selbst verloren;
Und dein Verlust an Lebenskraft
Wird an dem Leib sich dir
Als Häßlichkeit erweisen.

FRAU BALDE:
Sie nahmen meinem Kinde
Die Kräfte seiner Seele,
Und ich soll wandeln
Als Scheusal vor der Menschen Blicken,
Daß ihnen Früchte reifen,
Die wenig Gutes wirken!

GEIST DER ELEMENTE:
Doch wirkst du zu der Menschen Heil
Und auch für eignes Glück.
Der Mutter Schönheit und des Kindes Leben,
Sie werden euch in höherer Weise blühn,
Wenn in den Menschenseelen
Die neuen Geisteskräfte keimen.

FRAU BALDE:
Was soll ich tun?

GEIST DER ELEMENTE:
Du hast so oft die Menschen inspiriert,
So inspiriere jetzt die Felsengeister;

Du mußt in dieser Stunde dir
Entringen eines deiner Märchenbilder
Und anvertrauen es den Wesen,
Die mir in meiner Arbeit dienen.

FRAU BALDE:

Es sei – –
Es war einmal ein Wesen,
Das flog von Ost nach West
Dem Lauf der Sonne nach.
Es flog hin über Länder, über Meere;
Es sah von seiner Höhe
Dem Menschentreiben zu.
Es sah, wie sich die Menschen lieben
Und hassend sich verfolgen.
Es konnte nichts das Wesen
In seinem Fluge hemmen;
Denn Haß und Liebe schaffen
Das gleiche stets vieltausendfach.
Doch über einem Hause,
Da mußt' das Wesen halten.
Darinnen war ein müder Mann.
Der sann der Menschenliebe nach
Und sann auch über Menschenhaß.
Ihm hatte schon sein Sinnen
Ins Antlitz tiefe Furchen eingeschrieben.
Es hatte ihm das Haar gebleicht.
Und über seinem Kummer
Verlor das Wesen seinen Sonnenführer
Und blieb bei jenem Mann.
Es war in seinem Zimmer
Noch, als die Sonne unterging;
Und als die Sonne wiederkam,
Da ward das Wesen wieder

Vom Sonnengeiste aufgenommen. –
Und wieder sah es Menschen
In Lieb' und Haß
Den Erdenlauf verbringen.
Und als es kam zum zweiten Mal,
Der Sonne folgend über jenes Haus,
Da fiel sein Blick
Auf einen toten Mann.

(Hinter einem Felsen spricht German, so daß er unsichtbar bleibt.)

GERMAN:

Es war einmal ein Mann,
Der zog von Ost nach West.
Ihn lockt' der Wissenstrieb
Hin über Land und Meer.
Er sah nach seinen Weisheitsregeln
Dem Menschentreiben zu.
Er sah, wie sich die Menschen lieben
Und hassend sich verfolgen.
Es sah der Mann sich jeden Augenblick
An seiner Weisheit Ende.
Doch wie stets Haß und Liebe
Die Erdenwelt regieren,
Es war in kein Gesetz zu bringen.
Er schrieb viel tausend Einzelfälle,
Doch fehlte alle Überschau.
Es traf der trockne Forscher
Auf seinem Weg ein Lichteswesen;
Dem war das Dasein schwer,
Da es in stetem Kampfe war
Mit einer finstern Schattenform.
Wer seid ihr denn,
So frägt der trockne Forscher.

Ich bin die Liebe,
So sagt das eine Wesen;
In mir erblick den Haß,
So sprach das andre.
Es hörte dieser Wesen Worte
Der Mann nicht mehr.
Als tauber Forscher zog fortan
Von Ost nach West der Mann.

FRAU BALDE:
Wer bist du denn,
Der meine Worte
So unerwünscht
In seiner Art entstellt?
Es klingt wie Spott,
Und spotten ist nicht meine Art.

GERMAN (hervortretend):
Ich bin der Geist des Erdgehirns;
Im Menschen lebt von mir
Ein zwerghaft Abbild nur.
Es wird so manches drin gedacht,
Das Spott nur auf sich selber ist,
Wenn ich es in der Größe zeige,
Wie es in meinem Hirn erscheint.

FRAU BALDE:
Darum verspottest du auch mich!

GERMAN:
Ich muß recht oft
Dies Handwerk üben;
Doch hört man mich meist nicht.
Ergriffen hab ich die Gelegenheit,

Einmal auch da zu sein,
Wo man mich hört.

JOHANNES (aus der Meditation):
Dies war der Mann,
Der von sich sagte,
Das Geisteslicht sei wie von selber
In sein Gehirn gedrungen.
Und Frau Felicia, sie kam,
Gleich ihrem Mann,
Wie sie im Leben ist.

(Vorhang fällt.)

SIEBENTES BILD

Das Gebiet des Geistes. Maria, Philia, Astrid, Luna, Kind; Johannes, erst von ferne, dann näherkommend; Theodora, zuletzt Benedictus.

MARIA:

Ihr, meine Schwestern, die ihr
So oft mir Helferinnen wart,
Seid mir es auch in dieser Stunde,
Daß ich den Weltenäther
In sich erbeben lasse.
Er soll harmonisch klingen
Und klingend eine Seele
Durchdringen mit Erkenntnis.
Ich kann die Zeichen schauen,
Die uns zur Arbeit lenken.
Es soll sich euer Werk
Mit meinem Werke einen.
Johannes, der Strebende,
Er soll durch unser Schaffen
Zum wahren Sein erhoben werden.
Die Brüder in dem Tempel,
Sie hielten Rat,
Wie sie ihn aus den Tiefen
In lichte Höhen führen sollen.
Von uns erwarten sie,
Daß wir in seiner Seele heben
Die Kraft zum Höhenfluge.
Du, meine Philia, so sauge
Des Lichtes klares Wesen
Aus Raumesweiten,
Erfülle dich mit Klangesreiz
Aus schaffender Seelenmacht,

Daß du mir reichen kannst
Die Gaben, die du sammelst
Aus Geistesgründen.
Ich kann sie weben dann
In den erregenden Sphärenreigen.
Und du auch, Astrid, meines Geistes
Geliebtes Spiegelbild,
Erzeuge Dunkelkraft
Im fließenden Licht,
Daß es in Farben scheine.
Und gliedre Klangeswesenheit;
Daß webender Weltenstoff
Ertönend lebe.
So kann ich Geistesfühlen
Vertrauen suchendem Menschensinn.
Und du, o starke Luna,
Die du gefestigt im Innern bist,
Dem Lebensmarke gleich,
Das in des Baumes Mitte wächst,
Vereine mit der Schwestern Gaben
Das Abbild deiner Eigenheit,
Daß Wissens Sicherheit
Dem Seelensucher werde.

PHILIA:

Ich will erfüllen mich
Mit klarstem Lichtessein
Aus Weltenweiten,
Ich will eratmen mir
Belebenden Klangesstoff
Aus Ätherfernen,
Daß dir, geliebte Schwester,
Das Werk gelingen kann.

ASTRID:

Ich will verweben
Erstrahlend Licht
Mit dämpfender Finsternis,
Ich will verdichten
Das Klangesleben.
Es soll erglitzernd klingen,
Es soll erklingend glitzern,
Daß du, geliebte Schwester,
Die Seelenstrahlen lenken kannst.

LUNA:

Ich will erwärmen Seelenstoff
Und will erhärten Lebensäther.
Sie sollen sich verdichten,
Sie sollen sich erfühlen,
Und in sich selber seiend
Sich schaffend halten,
Daß du, geliebte Schwester,
Der suchenden Menschenseele
Des Wissens Sicherheit erzeugen kannst.

MARIA:

Aus Philias Bereichen
Soll strömen Freudesinn;
Und Nixen-Wechselkräfte,
Sie mögen öffnen
Der Seele Reizbarkeit,
Daß der Erweckte
Erleben kann
Der Welten Lust,
Der Welten Weh. –
Aus Astrids Weben
Soll werden Liebelust;

Der Sylphen wehend Leben,
Es soll erregen
Der Seele Opfertrieb,
Daß der Geweihte
Erquicken kann
Die Leidbeladenen,
Die Glück Erflehenden. –
Aus Lunas Kraft
Soll strömen Festigkeit.
Der Feuerwesen Macht,
Sie kann erschaffen
Der Seele Sicherheit;
Auf daß der Wissende
Sich finden kann
Im Seelenweben,
Im Weltenleben.

PHILIA:

Ich will erbitten von Weltengeistern,
Daß ihres Wesens Licht
Entzücke Seelensinn,
Und ihrer Worte Klang
Beglücke Geistgehör;
Auf daß sich hebe
Der zu Erweckende
Auf Seelenwegen
In Himmelshöhen.

ASTRID:

Ich will die Liebesströme,
Die Welt erwarmenden,
Zu Herzen leiten
Dem Geweihten;
Auf daß er bringen kann

Des Himmels Güte
Dem Erdenwirken
Und Weihestimmung
Den Menschenkindern.

LUNA:

Ich will von Urgewalten
Erflehen Mut und Kraft
Und sie dem Suchenden
In Herzenstiefen legen;
Auf daß Vertrauen
Zum eignen Selbst
Ihn durch das Leben
Geleiten kann.
Er soll sich sicher
In sich dann selber fühlen.
Er soll von Augenblicken
Die reifen Früchte pflücken
Und Saaten ihnen entlocken
Für Ewigkeiten.

MARIA:

Mit euch, ihr Schwestern,
Vereint zu edlem Werk,
Wird mir gelingen,
Was ich ersehne.
Es dringt der Ruf
Des schwer Geprüften
In unsre Lichteswelt.

(Johannes erscheint.)

JOHANNES:

O Maria, du bist es!
Es hat mein Leid

Mir reiche Frucht gebracht.
Es hat dem Wahngebilde mich entrückt,
Das ich aus mir erst selbst gemacht
Und das mich dann gefangen hielt.
Dem Schmerz verdank' ich es,
Daß ich auf Seelenbahnen
Zu dir gelangen konnte.

MARIA:

Wie war der Weg,
Der dich hierhergeführt?

JOHANNES:

Ich fühlte mich entronnen
Den Sinnesfesseln.
Befreit ward dann mein Blick
Von jenen Schranken,
Die ihm die Gegenwart umschließen.
Ich konnte andres schauen
In eines Menschen Leben,
Als was ein Augenblick
In engstem Kreise zeigt.
Capesius, den mir das Sinnensehen
In seinen ältern Jahren hat gewiesen,
Ihn hat der Geist
Als Jüngling vor die Seele mir gerückt,
Wo er von Hoffnungsträumen voll
Dem Leben erst entgegengeht,
Das immer wieder ihm gebracht
Die treue Hörerschar.
Und Strader, der noch jung
Im Erdendasein steht,
Dem Klosterleben kaum entwachsen,
Ich konnt' ihn sehen so,

Wie er einst werden müßte,
Wenn er das Ziel
In solcher Art verfolgte,
Wie er bisher es dachte.
Und jene Menschen nur,
Die geisterfüllt im Erdenfeld schon sind,
Sie schienen unverwandelt
Im Geistgebiet.
Behalten hatten Vater Felix
Und Mutter Felicia
Die Erdenformen sich,
Als meines Geistes Auge sie erblickte.
Und dann erwiesen meine Führer
Mir ihre Gunst und sprachen
Von Gaben, die mir werden sollen,
Wenn ich erreichen kann
Erhabne Wissenshöhen.
Und vieles hab' ich noch gesehn
Mit meinen Geistorganen,
Was erst die Sinne mir gezeigt
Auf ihre enge Art.
Und klärend Urteilslicht erstrahlte
In meiner neuen Welt.
Doch ob ein Traum mir dämmerte,
Ob Geisteswirklichkeit mich schon umgab,
Ich konnte es noch nicht entscheiden.
Ob meine Geistesschau berührt
Von andern Dingen ward,
Ob ich das eigne Selbst
Mir nur zu einer Welt erweitert,
Ich wußt' es nicht.
Und dann erschienst du selbst.
Nicht wie in dieser Zeit du bist,
Nicht wie Vergangenheit dich sah,

Nein, so erblickt' ich dich,
Wie ewig du im Geiste stehst.
Nicht menschlich war dein Wesen;
Den Geist in deiner Seele,
Ihn konnt' ich klar erkennen.
Er tat nicht, was ein Mensch
In einem Sinnenleibe tut.
Er handelt' wie ein Geist,
Der Werken Dasein geben will,
Die in den Ewigkeiten wurzeln.
Und jetzt erst, da vor dir
Im Geist ich stehen darf,
Erstrahlt mir volles Licht.
In dir hat schon mein Sinnensehn
Die Wirklichkeit so fest ergriffen,
Daß mir Gewißheit ist
Auch hier im Geisterland:
Es steht kein Zauberbild vor mir.
Es ist die wahre Wesenheit,
In der ich dir begegnet dort,
In der ich hier dich treffen darf.

THEODORA (erscheinend):
Es drängt zu sprechen mich.
Aus deiner Stirn, Maria,
Entsteigt ein Lichtesschein.
Der Schein gestaltet sich.
Er wird zur Menschenform.
Er ist ein geisterfüllter Mann.
Und andre Menschen sammeln sich um ihn.
Ich schau in lang entschwundne Zeit.
Und jener fromme Mann,
Der deinem Haupt entstiegen ist,
Er strahlt aus seinen Augen

Die reinste Seelenruhe,
Und Innigkeit erglimmt
Aus seinen edlen Zügen.
Vor ihm erblickt mein Auge
Ein Weib, das in Ergebenheit
Den Worten lauscht,
Die aus des Mannes Munde kommen.
Ich hör' die Worte.
Sie klingen so:
Ihr habt zu euren Göttern
In Ehrfurcht aufgeschaut.
Ich liebe diese Götter,
Wie ihr sie selber liebt.
Sie schenkten eurem Denken Kraft,
Sie pflanzten Mut in eure Herzen.
Doch stammen ihre Gaben
Aus einem höhern Geisteswesen.
– – – – – – – – – –
Ich schau', wie wilden Sinn erregte,
Was jener Mann den Leuten sagt'.
Ich kann die Rufe hören:
O tötet ihn; er will uns rauben,
Was Götter uns gegeben.
Es spricht der Mann gelassen weiter.
Er redet von dem Menschengotte,
Der zu der Erde niederstieg,
Und der den Tod besiegte:
Von Christus redet er.
Und wie er weiterspricht,
Da sänftigen sich die Seelen,
Es widersteht nur eins der Heidenherzen.
Das schwört dem Manne Rache.
Ich kann erkennen dieses Herz;
In jenem Kinde schlägt es wieder,

Das sich an deine Seite schmiegt.
Es spricht zu ihm der Christusbote:
Dein Schicksal will es nicht,
Daß du mir nahst in diesem Leben;
Doch warte ich geduldig,
Dein Weg, er führt dich doch zu mir.
Das Weib, das vor dem Manne steht,
Es fällt zu dessen Füßen;
Verwandelt fühlt es sich.
Es betet eine Seele zu dem Menschengotte;
Es liebt ein Herz den Gottesboten.
(Johannes sinkt auf die Knie vor Maria.)

MARIA:

Johannes, was dir dämmert,
Zum Vollbewußtsein sollst du es erwecken.
Gedächtnis rang sich eben
In dir von Sinnesfesseln los.
Du hast empfunden mich,
Du hast erfühlet dich,
Wie wir im vor'gen Erdensein vereint.
Das Weib, von dem die Weise sprach,
Du warst es selbst.
So lagst du mir zu Füßen,
Als ich dereinst als Christusbote
Zu deinem Stamme kam.
Was in Hybernias geweihten Stätten
Vertraut mir ward von jenem Gotte,
Der in dem Menschen wohnte
Und Sieger wurde über Todesmächte:
Ich durfte dies zu Völkern bringen,
In welchen noch lebendig war
Die Seele, die dem starken Odin
Die frohen Opfer brachte

Und an den lichten Balder
Mit Trauer denken mußte.
Dich zog vom ersten Tage,
Da mich dein Sinnesauge sah in diesem Leben,
Die Kraft zu mir, die damals dir
Aus jener Botschaft wuchs.
Und weil sie mächtig wirkte
Und unbewußt doch blieb uns beiden,
Verwob sie unserm Dasein
Die Leiden, die wir durchgerungen.
Doch lag im Leiden selbst die Macht,
Zu führen uns in Geistesreiche,
Wo wir uns wahrhaft kennenlernen.
Es stieg dein Schmerz zum Übermaß
Durch vieler Menschen Gegenwart.
Du bist verbunden ihnen durch die Schicksals-
So konnte ihres Wesens Offenbarung [macht.
Dein Herz so stark erschüttern.
Es hat sie Karma jetzt um dich versammelt,
Um eine Kraft in dir zu wecken,
Die deinem Leben vorwärtshalf.
Und diese Kraft hat dich durchrüttelt,
Daß du befreit vom Leib
In Geisteswelten steigen konntest.
Am nächsten stehst du meiner Seele,
Der du in Schmerzen Treue hast bewahrt;
Darum ist mir das Los gefallen,
Die Weihe zu vollenden,
Der du das Geisteslicht verdankst.
Es haben dich erweckt zum Schauen
Die Brüder, die im Tempel Dienste tun.
Doch kannst du nur erkennen,
Daß Wahrheit dies Geschaute ist,
Wenn du im Geisterlande wiederfindest

Ein Wesen, dem du schon in Sinneswelten
Im tiefsten Sein verbunden bist.
Daß dir dies Wesen hier entgegentreten kann,
Entsandten mich die Brüder dir voraus.
Es war die schwerste deiner Proben,
Als ich hierher gerufen ward.
Ich bat den Führer, Benedictus,
Zu lösen mir
Das Rätsel meines Lebens,
Das grausam mir erschien.
Und Seligkeit entströmte seinen Worten,
Als er von seiner Sendung sprach und meiner.
Er sprach mir von dem Geiste, dessen Dienst
Die Kraft in mir gewidmet solle sein.
Es war bei seinen Worten mir, als ob
In einem Augenblicke mir das hellste Geisteslicht
Die Seele ganz durchstrahlte, und Leid
In Seligkeit beglückend sich gewandelt hätte.
Und ein Gedanke nur erfüllte mir die Seele:
Er gab mir Licht –
Ja, Licht, das mir die Kraft des Sehens schenkte.
Es war der Wille, der in dem Gedanken lebte:
Mich hinzugeben ganz dem Geist
Und fähig für das Opfer mich zu machen,
Das mich ihm nahebringen könnte.
Es hatte der Gedanke höchste Kraft.
Er gab der Seele Schwingen und entrückte mich
In dieses Reich, in dem du mich gefunden.
In jenem Augenblick, da ich mich frei
Vom Sinnenleibe fühlte, konnte ich
Das Geistesauge auf dich richten.
Ich hatte nicht Johannes nur vor mir;
Ich sah das Weib, das mir gefolgt
In alten Zeiten war und sein Geschick

An meines enge hat gebunden.
So ward mir Geisteswahrheit hier durch dich,
Der mir in Sinneswelten schon
Im tiefsten Sein verbunden ist.
Ich hatte mir erworben Geistessicherheit
Und ward befähigt sie zu geben dir.
Zu Benedictus sendend einen Strahl
Der höchsten Liebe, ging ich dir voran.
Und Er hat dir die Kraft verliehn,
Zu folgen mir in Geistersphären.

BENEDICTUS (erscheinend):
Ihr habt euch selbst
Gefunden hier im Geistgebiet,
So darf auch ich
An eurer Seite wieder sein.
Ich durfte euch die Kraft verleihn,
Die euch hierher getrieben,
Doch konnt' ich euch
Nicht selbst geleiten.
So will es das Gesetz,
Dem ich gehorchen muß.
Ihr mußtet, durch euch selbst,
Erwerben erst das Geistesauge,
Das mich auch hier
Euch sichtbar macht.
Es hat der Weg der Geistespilgerschaft
Für euch nun erst begonnen.
Ihr werdet jetzt im Sinnensein
Mit neuen Kräften stehen
Und mit dem Geiste,
Der euch erschlossen ist,
Dem Menschenwerden dienen können.
Es hat das Schicksal euch verbunden,

Vereint die Kräfte zu entfalten,
Die gutem Schaffen dienen müssen.
Und wandelnd auf dem Seelenpfade,
Wird euch die Weisheit selber lehren,
Daß Höchstes kann geleistet werden,
Wenn Seelen, die sich Geistessicherheit verliehn,
In Treue sich zum Weltenheile binden.
Die Geistesführung einte zur Erkenntnis euch,
Nun eint euch selbst zum Geisteswirken.
Die Mächte dieses Reiches geben euch
Durch meinen Mund das Wort der Kraft:
Des Lichtes webend Wesen, es erstrahlet
Von Mensch zu Mensch,
Zu füllen alle Welt mit Wahrheit.
Der Liebe Segen, er erwarmet
Die Seele an der Seele,
Zu wirken aller Welten Seligkeit.
Und Geistesboten, sie vermählen
Der Menschen Segenswerke
Mit Weltenzielen;
Und wenn vermählen kann die beiden
Der Mensch, der sich im Menschen findet,
Erstrahlet Geisteslicht durch Seelenwärme.

(Vorhang.)

ZWISCHENSPIEL

Es ist angenommen, daß das Vorhergehende die Aufführung war, welcher Sophia beigewohnt hat, und daß sie am nächsten Tage wieder von ihrer Freundin Estella besucht wird. Das Folgende in demselben Zimmer wie das Vorspiel.

SOPHIA:

Meine liebe Estella, verzeih, daß ich dich habe warten lassen; es war notwendig, erst etwas bei den Kindern zu besorgen.

ESTELLA:

Ich bin nun schon wieder bei dir. Ich habe dich so lieb, daß ich mich stets nach dir sehne, wenn mich etwas tief bewegt.

SOPHIA:

Du wirst in mir stets die Freundin finden, die an deinen Empfindungen den wärmsten Anteil nehmen kann.

ESTELLA:

Es gingen mir diese «Enterbten des Leibes und der Seele» so nahe. Es mag dir recht sonderbar scheinen, wenn ich sage, daß es mir einige Augenblicke lang war, als ob alles mir sich vor die Seele stellte, was ich jemals an Menschenleid habe beobachten können. Mit der größten künstlerischen Kraft ist in diesem Werke nicht nur dargestellt, was an äußerem Mißgeschick bei so vielen Menschen anzutreffen ist, sondern es wird mit einem bewundernswerten Scharfblick auf die tiefsten Seelenschmerzen gewiesen.

SOPHIA:

Man kann sich von einem Kunstwerke gewiß keine rechte Vorstellung bilden, wenn man nur von seinem Inhalt hört; dennoch wäre es mir lieb, wenn du mir etwas mitteilen wolltest von dem, was dich so sehr bewegt.

ESTELLA:

Man hatte es mit einem wundervollen Aufbau zu tun. Der Künstler will zeigen, wie ein junger Maler alle Schaffenslust verliert, weil er an der Liebe zu einer Frau zu zweifeln beginnt. Sie hatte ihm die Kraft gegeben, seine hoffnungsvollen Anlagen zu entwickeln. In ihr war aus reinster Begeisterung für seine Kunst die schönste Opferliebe entstanden. Und dieser konnte er es danken, daß er auf seinem Gebiete eine volle Entfaltung seiner Kräfte erlebte. Er erblühte gewissermaßen in der Sonne seiner Wohltäterin. Aus seiner Dankbarkeit entwickelte sich nun durch vieles Zusammensein mit dieser Frau eine leidenschaftliche Liebe zu ihr. Dadurch vernachlässigte er immer mehr ein armes Geschöpf, das ihm in Treue ergeben war und das schließlich aus Gram starb, weil es sich sagen mußte, daß ihm des geliebten Mannes Herz verloren sei. Als er von ihrem Tod hörte, ging ihm die Nachricht nicht besonders nahe, denn seine Gefühle gehörten allein seiner Wohltäterin. Doch mußte er immer mehr sich überzeugen, daß deren edle Freundschaftsempfindungen sich nie in leidenschaftliche Liebe wandeln könnten. Das trieb ihm alle Schaffensfreude aus der Seele. Er fühlte sich in seinem Innenleben immer öder. In solcher Lebenslage kam ihm auch wieder seine arme Verlassene in den Sinn. Und aus einem hoffnungsvollen Menschen wurde eine Lebensruine. Ohne Aussicht auf irgendeinen Lichtpunkt siechte er dahin. – Das alles ist mit höchster dramatischer Lebendigkeit durchgeführt.

SOPHIA:

Ich kann mir denken, wie gewaltig diese Darstellung gerade auf meine liebe Estella gewirkt hat, die schon in ihrer Jugend so sehr litt, wenn ihr das Schicksal solcher Menschen vor Augen trat, die durch schwere Lebenskonflikte in bittre Seelennot getrieben wurden.

ESTELLA:

Meine liebe Sophie, du mißverstehst mich nach dieser Richtung. Ich kann wohl unterscheiden zwischen Kunstwerk und Wirklichkeit. Und es hieße das erstere nicht aus sich selbst beurteilen, wenn man in das Urteil die Gefühle hineintragen wollte, welche man im Leben den dargestellten Ereignissen entgegenbringt. Was mich so tief erschüttert hat, ist diesmal wirklich nur die vollendete künstlerische Ausgestaltung einer tiefen Lebensfrage. Und ich konnte wieder mit voller Klarheit erkennen, wie die Kunst nur dann zu ihrer Höhe emporsteigen kann, wenn sie sich an das volle Leben hält. Sobald sie sich von diesem entfernt, werden ihre Werke unwahr.

SOPHIA:

Ich kann dich völlig verstehen, wenn du so sprichst. Ich habe immer diejenigen Künstler bewundert, welche bis zu einer vollendeten Darstellung dessen gelangen, was du Lebenswahrheit nennst. Und ich glaube, daß gerade in unserer Zeit darinnen es mancher zur Meisterschaft gebracht hat. Nur ließen in meiner Seele gerade die höchsten Leistungen auf diesem Gebiete eine gewisse Unbehaglichkeit zurück. Ich konnte mir das lange nicht erklären. Eines Tages kam mir das Licht, das mir Antwort brachte.

ESTELLA:

Du willst mir wohl sagen, daß dich deine Weltanschauung von der Schätzung der sogenannten Wirklichkeitskunst abgebracht hat.

SOPHIA:

Liebe Estella, reden wir doch heute nicht von meiner Weltanschauung. Du weißt recht gut, daß die eben geschilderte Empfindung in mir lange vorhanden war, bevor ich auch nur das Geringste von dem wußte, was du meine Weltanschauung nennst. Und ich empfinde so nicht nur der realistisch sein wollenden Kunst gegenüber, sondern auch andere Richtungen erzeugen mir ein ähnliches Gefühl. Das tritt besonders dann in mir auf, wenn ich gewahr werde, was ich in einem höhern Sinne die Unwahrheit gewisser Kunstwerke nennen möchte.

ESTELLA:

Darinnen kann ich dir wahrlich nicht folgen.

SOPHIA:

Bedenke, meine liebe Estella, daß eine lebensvolle Erfassung der wahren Wirklichkeit dem Herzen das Gefühl einer gewissen Armut des Kunstwerkes erzeugen muß, da es doch gewiß ist, daß auch der größte Künstler der vollen Natur gegenüber nur ein Stümper bleiben muß. Mir wenigstens kann auch die vollendete künstlerische Nachbildung das nicht geben, was ich etwa den Offenbarungen einer Landschaft oder eines menschlichen Antlitzes verdanke.

ESTELLA:

Das liegt doch aber in der Natur der Sache und ist nicht zu ändern.

SOPHIA:

Es wäre zu ändern, wenn nur die Menschen sich über *eines* zur Klarheit bringen wollten. Sie können sich nämlich sagen, daß es widersinnig ist, durch die menschlichen Seelenkräfte das noch einmal zu bilden, was höhere Mächte als das wahrste Kunstwerk vor uns ausbreiten. Doch haben dieselben Mächte dem Menschen ein Streben in die Seele gelegt, an dem Schöpfungswerke gewissermaßen fortzuarbeiten, um das der Welt zu geben, was diese Mächte noch nicht selbst vor die Sinne hinstellen. In allem, was der Mensch schaffen kann, haben die schöpferischen Mächte die Natur unvollendet gelassen. Warum sollte er ihre Vollkommenheit in unvollkommener Gestalt nachbilden, da er doch ihre Unvollkommenheit in Vollkommenheit wandeln kann. Denke dir diese Behauptung in ein elementarisches Gefühl verwandelt, und du wirst dir auch eine Vorstellung davon machen können, warum ich Unbehagen empfinde so vielem gegenüber, was du Kunst nennst. Das Gewahrwerden einer unvollkommenen Wiedergabe der sinnenfälligen Wirklichkeit muß Unbehagen hervorrufen, während die unvollkommenste Darstellung dessen, was sich hinter der äußeren Beobachtung verbirgt, eine Offenbarung sein kann.

ESTELLA:

Du redest eigentlich von etwas, was nirgends vorhanden ist. Denn eine bloße Wiedergabe der Natur erstrebt ja kein wahrer Künstler.

SOPHIA:

Darin liegt aber gerade die Unvollkommenheit vieler Kunstwerke, daß die schöpferische Betätigung durch sich selbst über die Natur hinausführt, und daß der Künstler nicht weiß, wie das aussieht, was nicht in die sinnliche Beobachtung fällt.

ESTELLA:

Ich sehe keine Möglichkeit für uns, in diesem Punkte zu einem gegenseitigen Verständnis zu kommen. Es ist recht bitter, die liebste Freundin in den wichtigsten Seelenfragen Wege gehen zu sehen, die von den eigenen so abweichen. Ich hoffe dennoch auf bessere Zeiten für unsere Freundschaft.

SOPHIA:

Wir sollten in diesem Punkte hinnehmen können, was uns das Leben bringt.

ESTELLA:

Auf Wiedersehen, liebe Sophie.

SOPHIA:

Auf Wiedersehen, meine gute Estella.

(Vorhang.)

ACHTES BILD

Dasselbe Zimmer wie für das erste Bild. Johannes, Maria, Capesius; Strader.

JOHANNES (an einer Staffelei, an der auch Capesius und Maria sitzen):

Dies waren wohl die letzten Striche;
Beendet darf ich meine Arbeit nennen.
Es war mir ganz besonders lieb,
Daß ich gerade eure Wesenheit
Durch meine Kunst erforschen durfte.

CAPESIUS:

Dies Bild ist mir ein Wunder wahrlich.
Und ein noch größ'res
Ist mir sein Schöpfer.
Die Wandlung, die in euch geschehn,
Es kann ihr nichts verglichen werden,
Was Menschen meiner Art
Bisher für möglich hielten.
Man kann sie dann nur glauben,
Wenn Augenschein den Glauben fordert.
Ich sah zuerst euch vor drei Jahren.
Ich durfte damals jenen Kreis betreten,
In welchem ihr zu eurer Höhe euch erhobet.
Ein sorgenvoller Mensch wart ihr zu jener Zeit;
Ein jeder Blick in euer Antlitz zeigte dies.
Ich hatte eine Rede in eurem Kreise angehört
Und mußte Worte an sie schließen,
Die sich nur schwer mir aus der Seele rangen.
Ich sprach in einer solchen Stimmung,
In der man sonst an sich nur denkt.

Mein Blick war dennoch stets gerichtet
Nach jenem leidbeladnen Maler,
Der in der Ecke saß und schwieg.
Doch schwieg und sann er
In einer ganz absonderlichen Art.
Man konnte von ihm selbst wohl glauben,
Daß er nicht eins der Worte hörte,
Die neben ihm gesprochen wurden.
Es schien der Kummer, dem er hingegeben,
Ein Leben für sich selbst zu haben.
Es war, als ob der Mensch nicht hörte,
Als ob vielmehr der Kummer selbst Gehör besäße.
Vielleicht wär's unzutreffend nicht,
Zu sagen, daß er ganz besessen von dem Kummer.
Ich traf euch bald nach jenem Tage wieder;
Und da schon wart ihr wie verwandelt.
Es strahlte Seligkeit aus euren Augen,
Es lebt' in eurem Wesen Kraft;
Und edles Feuer klang aus euren Worten
Ihr sprachet damals einen Wunsch mir aus,
Der mir recht wunderlich erschien.
Ihr wolltet Schüler von mir werden.
Und wirklich habt ihr auch drei Jahre lang
Mit Eifer euch vertieft in alles,
Was ich zu sagen habe von dem Weltverlauf. –
Da wir uns immer näher traten,
Erlebte ich das Rätsel eures Künstlertums.
Und jedes eurer Bilder war ein neues Wunder.
(Strader ist unterdessen eingetreten.)
Mein Denken hatte früher wenig Neigung,
In sinnentrückte Welten sich zu heben.
Sie zu bezweifeln lag mir fern.
Sich ihnen forschend nahn,
Das galt mir als Vermessenheit.

Und jetzt muß ich bekennen,
Daß ihr zu andrer Meinung mich gebracht.
Ich höre oft euch wiederholen,
Daß ihr die Künstlerschaft
Allein der Gabe dankt,
Bewußt in andren Welten zu empfinden,
Und daß ihr nichts
In eure Werke legen könnt,
Was ihr nicht erst im Geist erschaut.
Ich seh' an euren Werken, wie der Geist
Sich wirksam offenbart.

STRADER:

Noch nie verstand ich euch so wenig.
Es hat doch so in jedem Künstler
Lebendig sich der Geist erwiesen.
Was unterscheidet denn
Thomasius von andern Meistern?

CAPESIUS:

Ich habe nie bezweifelt,
Daß Geist im Menschen wirksam sich erzeigt;
Doch bleibt ihm sonst
Des Geistes Wesen unbewußt.
Er schafft aus einem Geiste,
Doch er versteht ihn nicht.
Thomasius jedoch erschafft im Sinnensein,
Was er bewußt im Geiste schauen kann.
Und er gestand mir immer wieder,
Daß seiner Art kein andres Schaffen möglich ist.

STRADER:

Mir ist Thomasius bewundernswert;
Und ich gestehe frei,

Daß mir in seinem Bilde
Capesius, den ich zu kennen glaubte,
Erst wirklich ganz sich offenbart.
Ich glaubte ihn zu kennen;
Das Kunstwerk zeigt mir klar,
Wie wenig ich gewußt von ihm.

MARIA:

Wie könnt ihr, lieber Doktor,
Des Werkes Größe so bewundern
Und doch der Größe Quelle leugnen?

STRADER:

Was hat Bewundrung,
Die ich dem Künstler zolle,
Mit Glauben an sein Geistesschaun zu tun?

MARIA:

Man kann dem Werke Beifall zollen,
Auch wenn der Glaube an die Quelle fehlt. [dern,
Doch könnte man in diesem Falle nichts bewun-
Wenn dieser Künstler nicht den Weg beschritten,
Der ihn zum Geiste hat geführt.

STRADER:

Man sollte doch nicht sagen,
Sich hinzugeben an den Geist, es sei
Erkennend ihn durchdringen.
Es schafft im Künstler Geisteskraft,
Wie sie im Baume oder Steine schafft.
Erkennen aber kann sich nicht der Baum,
Es kann dies nur, wer ihn betrachtet.
Der Künstler lebt in seinem Werk
Und nicht in Geisterfahrung.

Doch wenn zu eurem Bilde jetzt
Mein Blick sich wendet,
Vergess' ich alles, was den Denker lockt.
Es leuchtet meines Freundes Seelenkraft
Aus diesen Augen, die gemalt doch sind.
Es lebt des Forschers Sinnigkeit
Auf dieser Stirn;
Und seiner Worte edle Wärme,
Sie strahlt aus allen Farbentönen,
Durch welche euer Pinsel
Dies Rätsel löste.
O diese Farben, sie sind flächenhaft
Und sind es nicht,
Es ist, als ob sie sichtbar seien nur,
Um sich unsichtbar mir zu machen.
Und diese Formen,
Die als der Farbe Werk erscheinen,
Sie sprechen von dem Geistesweben,
Von vielem sprechen sie,
Was sie nicht selber sind.
Wo ist, wovon sie sprechen?
Nicht auf der Leinwand kann es sein;
Denn da sind geistentblößte Farben.
So ist es in Capesius?
Warum kann ich es nicht an ihm erschauen?
Thomasius, ihr habt gemalt,
Daß dies Gemalte sich durch sich
Im Augenblick vernichtet,
Sobald der Blick es fassen will.
Ich kann es nicht begreifen,
Wozu dies Bild mich treibt.
Was will von mir ergriffen sein?
Was soll ich suchen?
Die Leinwand, ich möchte sie durchstoßen,

Zu finden, was ich suchen soll.
Wo fass' ich, was dies Bild
In meine Seele strahlt?
Ich muß es haben.
O, ich betörter Mann.
Es ist, als ob Gespenster mich berückten!
Ein unsichtbar Gespenst;
Und meine Ohnmacht,
Die kann es nicht erblicken.
Thomasius, ihr malt Gespenster,
Ihr zaubert sie in eure Bilder;
Sie locken, sie zu suchen,
Und lassen sich nicht finden.
– – – – O, wie sind eure Bilder grausam!

CAPESIUS:

Mein Freund, in diesem Augenblick
Habt ihr des Denkers Ruhe ganz verloren.
Bedenkt doch nur, wenn ein Gespenst
Aus diesem Bilde spräche,
Gespenstig müßte ich doch sein.

STRADER:

Verzeiht, o Freund,
Es war nur Schwäche ...

CAPESIUS:

O, sprechet Gutes nur
Von diesem Augenblick!
Als ob ihr euch verloren hättet,
So schien es. Doch ihr wart
Emporgehoben über euer Selbst.
Ergangen ist es euch wie mir recht oft.
Man mag in solchen Zeiten noch so stark

Mit seinem Denken sich gerüstet fühlen,
Man hat sich doch nur selbst bewiesen,
Daß man von einer Macht ergriffen ist,
Die nicht in Sinneswissen und Vernunft
Den Ursprung haben kann.
Wer hat dem Bilde solche Macht gesellt?
Ich möcht' für mich es Sinnbild nennen,
Was an dem Bilde ich erlebt.
Es lehrte mich erkennen meine Seele,
Wie ich vorher es nicht vermocht.
Und überzeugend war die Selbsterkenntnis.
Johannes Thomasius erforschte mich,
Weil er die Kraft besitzt,
Durch Sinnenschein zum Geistesselbst
Durch sein besondres Schauen
Im Geist hindurchzudringen.
So seh' ich jenes alte Weisheitwort
«Erkenne dich» in einem neuen Licht.
Man muß, um zu erkennen, was man ist,
In sich die Kraft erst finden,
Die als ein wahrer Geist
Sich vor uns selbst verbergen kann.

MARIA:

Man muß, um sich zu finden,
Die Kraft entfalten erst,
Die in das eigne Wesen dringen kann.
In Wahrheit sagt das Weisheitwort:
Entwickle dich, um dich zu schaun.

STRADER:

Wenn man Thomasius wollt' zugestehn,
Er habe durch die Geistentfaltung
Erkenntnis sich erworben von dem Wesen,

Das unsichtbar in euch besteht,
So sagt man damit doch,
Erkenntnis sei auf jeder Lebensstufe anders.

CAPESIUS:
Das eben möchte ich behaupten.

STRADER:
Wenn so die Sache stünde,
Dann wäre alles Denken nichtig
Und Wissen nur ein Wahngebilde.
Verlieren müßt' ich mich in jedem Augenblick.
– – – – – – – – – – –
O lasset mich allein.

CAPESIUS:
Ich werde ihn begleiten. (Ab.)

MARIA:
Es ist Capesius dem Geisteswissen
Viel näher, als er selber meint.
Und Strader leidet schwer.
Es kann sein Geist nicht finden,
Was seine Seele heiß ersehnt.

JOHANNES:
Es stand vor meinem Geistesauge
Der beiden Männer Wesenheit,
Schon als ich machen durfte
Den ersten Schritt ins Seelenreich.
Ich sah Capesius als jungen Mann
Und Strader in den Jahren,
Die er noch lange nicht erreicht.
Und jener zeigte eine Jugendblüte,

Die viel verbirgt, was dieses Leben
Im Sinnensein nicht reifen läßt.
Es trieb mich hin zu seiner Wesenheit.
Ich konnt' zuerst bei seinem Seelenwesen
In eines Menschen Wesenskern erschauen,
Wie Eigenschaften dieses Lebens
Sich durch sich selbst als Folgen
Bezeugen eines andern Erdenseins.
Ich sah die Kämpfe, die er durchgekämpft,
Und die aus andren Leben ihm gebildet haben
Sein gegenwärt'ges Sein.
Und konnt' ich auch sein abgelegtes Sein
Noch nicht vor meine Seele stellen:
So sah ich doch in seiner Eigenart,
Was aus der Gegenwart nicht stammen kann.
So konnte ich im Bilde wiedergeben,
Was ihm im Seelengrunde waltet.
Mein Pinsel ward geführt
Von Kräften, die Capesius entfaltet
Aus frühern Erdenleben.
Und hab' ich so enthüllt ihm seine Eigenheit,
So hat mein Bild den Dienst getan,
Den ich ihm zugedacht.
Als Kunstwerk schätze ich es gar nicht hoch.

MARIA:

Es wird in jener Seele weiter wirken,
Der es den Weg ins Geistgebiet gewiesen hat.

(Der Vorhang fällt, während Maria und Johannes noch im Zimmer sind.)

NEUNTES BILD

Dieselbe Gegend wie im zweiten Bild. Johannes; später Maria.

(Es tönt aus Felsen und Quellen: *O Mensch, erlebe dich!*)

JOHANNES:

O Mensch, erlebe dich!
Ich habe sie drei Jahre lang gesucht,
Die mutbeschwingte Seelenkraft,
Die Wahrheit gibt dem Worte,
Durch das der Mensch, sich selbst befreiend, siegen
Und sich besiegend, Freiheit finden kann:
O Mensch, erlebe dich!
(Aus Felsen und Quellen tönt: *O Mensch, erlebe dich!*)
Sie kündigt sich im Innern an,
Nur leise fühlbar meinem Geistgehör.
Sie birgt in sich die Hoffnung,
Daß wachsend sie den Menschengeist
Aus engem Sein in Weltenfernen führt,
So wie geheimnisvoll sich weitet
Das kleine Samenkorn
Zum stolzen Leib der Rieseneiche. – –
Es kann der Geist in sich beleben,
Was in der Luft und was im Wasser webt
Und was den Erdengrund gefestigt.
Es kann der Mensch ergreifen,
Was in den Elementen,
In Seelen und in Geistern,
In Zeitenlauf und Ewigkeit
Des Daseins sich bemächtigt hat.
Es lebt das ganze Weltenwesen in dem Seelensein,
Wenn solche Kraft im Geiste wurzelt,
Die Wahrheit gibt dem Worte:
O Mensch, erlebe dich!

(Aus Felsen und Quellen tönt: *O Mensch, erlebe dich!*)
Ich fühle – wie es tönt in meiner Seele,
Sich regend kraftverleihend.
Es lebt in mir das Licht,
Es spricht um mich die Helligkeit,
Es keimt in mir das Seelenlicht,
Es schafft in mir die Weltenhelle:
O Mensch, erlebe dich!
(Aus Felsen und Quellen tönt: *O Mensch, erlebe dich!*)
Ich finde mich gesichert überall,
Wohin mir folgt des Wortes Kraft.
Sie wird mir leuchten in der Sinnesdunkelheit
Und mich erhalten in den Geisteshöhen.
Sie wird mich mit dem Seelensein erfüllen
Für alle Zeitenfolgen.
Ich fühle Weltensein in mir,
Und finden muß ich mich in allen Welten.
Ich schau' mein Seelenwesen
Durch Eigenkraft belebt in mir.
Ich ruhe in mir selber.
Ich blicke nach den Felsen und den Quellen;
Sie sprechen meiner Seele eigne Sprache.
Ich finde mich in jenem Wesen wieder,
Das ich in bittre Not gebracht.
Heraus aus ihm ruf' ich mir selber zu:
«Du mußt mich wieder finden
Und mir die Schmerzen lindern.»
Das Geisteslicht, es wird mir Stärke geben,
Das andre Selbst im eignen Selbst zu leben.
O hoffnungsvolles Wort,
Du strömst mir Kraft aus allen Welten zu:
O Mensch, erlebe dich!
(Aus Felsen und Quellen tönt: *O Mensch, erlebe dich!*)
Du läßt mich meine Schwachheit fühlen

Und stellst mich neben hohe Gottesziele;
Und selig fühle ich
Des hohen Zieles Schöpfermacht
In meinem schwachen Erdenmenschen.
Und offenbaren soll sich aus mir selbst,
Wozu der Keim in mir geborgen ist.
Ich will der Welt mich geben
Durch Leben meines eignen Wesens.
Empfinden will ich alle Macht des Wortes,
Das mir erst leise klingt;
Es soll mir wie belebend Feuer sein
In meinen Seelenkräften
Auf meinen Geisteswegen.
Ich fühle, wie mein Denken dringt
In tief verborgne Weltengründe;
Und wie es leuchtend sie durchstrahlt.
So wirkt die Keimkraft dieses Wortes:
O Mensch, erlebe dich!

(Aus Quellen und Felsen: O *Mensch, erlebe dich!*)

Aus lichten Höhen leuchtet mir ein Wesen,
Ich fühle Schwingen,
Zu ihm mich zu erheben.
Ich will mich selbst befrei'n
Wie alle Wesen, die sich selbst besiegt.

(Aus Quellen und Felsen: O *Mensch, erlebe dich!*)

Ich schaue jenes Wesen,
Ich will ihm gleich in Zukunftzeiten werden.
Der Geist in mir wird sich befrei'n
Durch dich, erhabnes Ziel.
Ich will dir folgen.

(Maria kommt hinzu.)

Das Seelenauge haben mir erweckt
Die Geisteswesen, die mich aufgenommen.
Und sehend in den Geisteswelten

Erfühle ich in meinem Selbst die Kraft:
O Mensch, erlebe dich!
(Aus Quellen und Felsen: *O Mensch, erlebe dich!*)
O meine Freundin, du bist hier!

MARIA:
Mich trieb meine Seele hierher.
Ich konnte deinen Stern erschauen.
Er strahlt in voller Kraft.

JOHANNES:
Erleben kann ich diese Kraft in mir.

MARIA:
So eng sind wir verbunden,
Daß deiner Seele Leben
Sein Licht in meiner Seele leuchten läßt.

JOHANNES:
O Maria, so ist dir bewußt,
Was sich mir eben offenbarte?
Mir ist des Menschen erste Zuversicht,
Mir ist die Wesenssicherheit gewonnen.
Ich fühle ja des Wortes Kraft,
Die überall mich leiten kann:
O Mensch, erlebe dich!
(Aus Felsen und Quellen: *O Mensch, erlebe dich!*)

(Vorhang fällt.)

ZEHNTES BILD

Meditationszimmer. Johannes, Theodosius, Benedictus. Lucifer und Ahriman.

THEODOSIUS:

In dir erleben kannst du alle Welten.
So lebe mich als Weltenliebesmacht.
Ein Wesen, das von mir durchleuchtet ist,
Fühlt eigne Daseinskraft erhöht,
Ergibt es sich beglückend andren Wesen.
So wirke ich in Werdelust den Weltenbau.
Es ist kein Dasein ohne meine Kraft,
Es kann kein Wesen leben ohne mich.

JOHANNES:

So trittst du, Weltbeglücker, vor mein Seelenauge!
Es treibt mir Schaffenslust durch meine Geistes-
[kraft,
Erblick' ich dich als Frucht des Selbsterlebens! –
Du zeigtest dich im Tempel meinem Geistesauge;
Doch konnt' ich damals noch nicht wissen,
Ob Traum, ob Wahrheit mir erscheint.
Es sind die Binden mir nun abgenommen,
Die mir das Geisteslicht verborgen hielten.
Erkennen kann ich, daß du wirklich bist.
Ich will dein Wesen
In meinen Taten offenbaren,
Sie sollen heilerwirkend sein durch dich.
Und danken muß ich Benedictus.
Er hat durch Weisheit mir die Kraft verliehn,
In deine Welt den Geistesblick zu lenken.

THEODOSIUS:

Empfinde mich in deinen Seelentiefen

Und trage meine Kraft in alle Welten.
Du wirst in Liebesdiensten Seligkeit erleben.

JOHANNES:

Ich fühle deiner Nähe wärmend Licht,
Ich fühle, wie die Schaffensmacht in mir ersteht.
(Theodosius verschwindet.)
Er ist fort,
Doch wiederkommen wird er mir
Und Kraft mir geben aus den Liebequellen.
Sein Licht, es kann für Zeiten nur entschwinden;
Es lebt im eignen Sein dann weiter.
Ich darf mir selbst mich überlassen,
Der Liebesgeister Wesen in mir selbst erlebend.
Durch ihn kann ich mich selbst gehoben fühlen,
Er soll durch mich sich offenbaren.
(Er wird unsicher, was sich allmählich in seinen Gebärden ausdrückt)
Doch wie empfind' ich mich – – – –
Es scheint ein Wesen geistig mir zu nahen.
Seit ich des Geistesauges würdig bin befunden,
Empfind' ich immer so,
Wenn böse Mächte mich ergreifen wollten.
Doch, was auch kommen mag,
Ich habe Kraft, zu widersetzen mich.
Ich kann mich in mir selbst erleben;
Und dieses Wortes Kraft ist unbesieglich.
Doch jetzt erleb' ich stärksten Widerstand;
Es muß der schlimmste Feind wohl sein – –
Er komme nur, er findet mich gerüstet.
– – – – – – – – – –
Des Guten Feind, du mußt es selber sein;
Du bist an deiner starken Kraft zu fühlen.
Ich weiß, daß du zerschmettern willst,

Was deiner Herrschaft sich entreißt.
Ich will die Kraft in mir erstarken,
An der du keinen Anteil haben kannst.

(Benedictus erscheint.)

JOHANNES:

O – – Benedictus,
Du meines neuen Lebens Quelle.
Es ist nicht möglich, nein! – –
Du kannst es nicht, – du darfst es selbst nicht sein!
Ein Trugbild bist du nur.
O lebt mir auf, ihr guten Seelenkräfte;
Zerschmettert mir den Wahn,
Der mich betören will.

BENEDICTUS:

Befrage deine Seele, ob sie fühlen kann,
Was ihr durch Jahre meine Nähe war;
Durch mich ist dir der Weisheit Frucht erwachsen.
Es kann nur sie dir vorwärtshelfen
Und dir im Geistgebiet den Irrtum bannen.
Erlebe mich in dir.
Doch willst du weiter schreiten,
So mußt du jenen Weg betreten,
Der dich zu meinem Tempel führt.
Soll meine Weisheit dir auch ferner leuchten,
Sie muß von jenem Orte fließen,
Wo ich vereint mit meinen Brüdern wirke.
Ich gab dir Kraft der Wahrheit.
Entzündet ihres Feuers Macht in dir sich selber,
So mußt den Weg du finden.

(Er geht ab.)

JOHANNES:

O er verläßt mich.

Ob ich den Wahn vertrieben – –
Ob mich die Wirklichkeit verlassen – – –
Wie kann ich dies entscheiden?

– – – – – – – – – – –

Doch fühl' ich mich in mir erstarkt.
Es war kein Trug, er war es selbst,
Du, Benedictus, ich erlebe dich in mir.
Du hast die Kräfte mir verliehen,
Die weiterlebend mir im eignen Selbst
Den Irrtum von der Wahrheit trennen sollen.
Und doch – ich war dem Wahn ergeben.
Ich fühlte schaudernd deine Nähe
Und konnte dich für Täuschung halten,
Als du mir gegenüberstandest.

(Theodosius erscheint wieder.)

THEODOSIUS:

Du wirst vom Wahne dich befreien,
Wenn du mit meinen Kräften dich erfüllst.
Es konnte Benedictus dich zu mir geleiten,
Doch muß dich jetzt die eigne Weisheit führen.
Erlebst du nur, was er in dich gelegt,
So kannst du nicht dich selbst erleben.
In Freiheit strebe nach den Lichteshöhen;
Empfange meine Kraft zu diesem Streben.
(Verschwindet.)

JOHANNES:

Wie herrlich klingen deine Worte;
Ich muß sie in mir selbst erleben.
Sie werden wirksam mich vom Wahn befreien,
Wenn sie mein Wesen ganz erfüllen.

– – – – – – – – – – –

So wirket mir im Seelengrunde weiter,
Erhaben schöne Worte!

Ihr könnt nur von dem Tempel stammen,
Da Benedictus' Bruder sie gesprochen.
Ich fühle schon, wie sie entsteigen meinem Innern.
– – – – – – – – – –
Sie werden aus mir selbst ertönen
Und so mir recht verständlich sein.
Du Geist, der mir im Innern lebt,
Entsteige der Verborgenheit
Und zeige dich in wahrer Wesenheit.
Schon fühle ich dein Nahen.
Erscheinen mußt du mir.

(Lucifer und Ahriman erscheinen.)

LUCIFER:

O Mensch, erkenne mich,
O Mensch, empfinde dich;
Du hast dich entrungen
Der Geistesführung
Und bist geflohn
In freie Erdenreiche.
Du suchtest eignes Wesen
In Erdenwirrnis.
Dich selbst zu finden,
Es war dir Lohn.
Gebrauch den Lohn.
Bewahr dich selbst
Im Geisteswagnis.
Du findest fremdes Wesen
Im weiten Höhenreich;
Es wird dich bannen
An Menschenlos,
Es wird dich auch bedrücken.
O Mensch, empfinde dich,
O Mensch, erkenne mich.

AHRIMAN:

O Mensch, erkenne dich,
O Mensch, empfinde mich.
Du bist entflohn
Aus Geistesfinsternis.
Du hast gefunden
Der Erde Licht.
So sauge Kraft der Wahrheit
Aus meiner Sicherheit.
Ich härte festen Boden.
Du kannst ihn auch verlieren.
In deinem Schwanken
Zerstreuest du die Kraft des Seins.
Du kannst vergeuden
Im Höhenlicht
Die Geisterkraft.
Du kannst in dir zerfallen.
O Mensch, empfinde mich,
O Mensch, erkenne dich.
(Sie verschwinden.)

JOHANNES:

O was war dies; aus mir der Lucifer
Und folgend ihm auch Ahriman!
Erlebe ich nur neuen Wahn,
Da ich mir Wahrheit heiß erfleht?
Es rief mir Benedictus' Bruder jene Mächte,
Die in den Menschenseelen Wahn nur wirken.

DAS FOLGENDE ALS GEISTERSTIMME AUS DEN HÖHEN:

Es steigen deine Gedanken
In Urweltgründe;
Was in Seelenwahn dich getrieben,

Was in Irrtum dich erhalten,
Erscheinet dir im Geisteslicht,
Durch dessen Fülle
Die Menschen schauend
In Wahrheit denken!
Durch dessen Fülle
Die Menschen strebend
In Liebe leben.

(Vorhang fällt.)

ELFTES BILD

Der Sonnentempel; oberirdisch, verborgene Mysterienstätte der Hierophanten.

RETARDUS (vor ihm Capesius und Strader):

Ihr habt mir bittre Not gebracht.
Das Amt, das euch von mir gegeben war,
Ihr habt es schlecht verwaltet.
Ich fordre euch vor meinen Richterstuhl.
Capesius, ich gab dir hohe Geistesart,
So daß Ideen vom Menschenstreben
Anmutvoll deiner Rede Inhalt waren
Und überzeugend hätten wirken sollen.
Ich lenkte deine Wirksamkeit in Kreise,
In denen du Johannes und Maria trafest.
Du hättest ihre Neigung für das Geistesschauen
Verdrängen sollen durch die Kraft,
Die deine Worte hätten wirken sollen.
Statt dessen übergabst du selbst dich nur
Der Wirkung, die von ihnen kommt.
Dir, Strader, öffnet' ich den Weg
In sich're Wissensbahnen.
Du solltest durch das strenge Denken
Die Zauberkraft der Geistesschau zerstören.
Doch mangelt dir des Fühlens Sicherheit.
Die Kraft des Denkens, sie entwand sich dir,
Wo dir Gelegenheit zum Sieg sich bot.
Es ist mein Schicksal euren Taten eng verbunden.
Durch euch gehn jene beiden Wahrheitsucher
Für alle Zukunft meinem Reich verloren.
Ich muß die Seelen an die Brüder überliefern.

CAPESIUS:

Ich konnte dir ein guter Bote niemals sein.

Du gabst mir Kraft, das Menschenleben darzustel-
Ich konnte schildern, was die Menschen [len.
Zur einen oder andern Zeit begeistert;
Doch war es mir nicht möglich,
Den Worten, welche das Vergangne malten,
Die Kraft zu geben, Seelen ganz zu füllen.

STRADER:

Die Schwäche, welche mich befallen mußte,
Sie ist das Abbild nur der deinen.
Du konntest mir das Wissen schenken;
Doch nicht die Kraft, zu stillen alle Sehnsucht,
Die in dem Menschenherzen nach der Wahrheit
Ich mußte stets in meinem Innern [strebt.
Noch andre Kräfte fühlen.

RETARDUS:

Ihr seht die Wirkung eurer Schwäche.
Es nahen schon die Brüder mit den Seelen,
In welchen sie mich überwinden werden.
Johannes und Maria folgen ihrer Macht.

(Benedictus mit Lucifer, Ahriman, dahinter Johannes und Maria. Dann Theodosius, Romanus; die Seelenkräfte; Felix und Felicia Balde, die andre Maria; zum Schluß Theodora.)

BENEDICTUS (zu Lucifer):

Johannes' und Marias Seelen,
Sie haben Raum nicht mehr für blinde Kraft;
Sie sind zum Geistessein erhoben.

LUCIFER:

Ich muß die Seelen wohl verlassen.
Die Weisheit, welche sie errungen,
Sie gibt die Kräfte, mich zu schauen.

Ich habe über Seelen nur Gewalt,
So lang sie mich nicht schauen können.
Doch bleibt die Macht bestehn,
Die mir im Weltenwerden zugeteilt.
Und kann ich ihre Seelen nicht versuchen,
Wird meine Kraft im Geiste ihnen erst
Die schönsten Früchte reifen lassen.

BENEDICTUS (zu Ahriman):
Johannes' und Marias Seelen,
Sie haben Irrtums Finsternis in sich vertilgt.
Das Geistesauge haben sie eröffnet.

AHRIMAN:
Ich muß auf ihren Geist verzichten.
Sie werden sich zum Lichte wenden;
Doch bleibt mir's unbenommen,
Die Seelen mit dem Scheine zu beglücken.
Sie werden nicht mehr glauben,
Daß er die Wahrheit sei,
Doch schauen können,
Wie er sie offenbart.

THEODOSIUS (zur andren Maria):
Es war dein Schicksal eng verbunden
Mit deiner höhern Schwester Leben.
Ich konnte ihr der Liebe Licht,
Doch nicht der Liebe Wärme geben,
So lange du beharren wolltest,
Dein Edles aus dem dunklen Fühlen nur
In dir erstehn zu lassen,
Und nicht in vollem Weisheitslichte
Es klar zu schauen dir erstrebtest.
In dunkler Triebe Wesen reicht

Des Tempels Einfluß nicht,
Auch wenn sie Gutes wirken wollen.

DIE ANDRE MARIA:
Ich muß erkennen, daß ein Edles nur
Im Lichte heilsam wirken kann,
Und wende mich zum Tempel.
Mein Fühlen soll in Zukunft
Dem Liebeslicht nicht seine Wirkung rauben.

THEODOSIUS:
Durch deine Einsicht gibst du mir die Kraft,
Marias Seelenlicht den Weg zur Welt zu bahnen.
Es mußte stets die Macht verlieren
An Seelen deiner frühern Art,
Die Licht mit Liebe nicht verbinden wollen.

JOHANNES (zur andren Maria):
Ich schau' in dir die Seelenart,
Die auch im eignen Innern mich beherrscht;
Den Weg zu deiner höhern Schwester,
Ihn konnte ich nicht finden,
So lang in mir der Liebe Wärme
Vom Liebeslicht getrennt sich hielt.
Das Opfer, welches du dem Tempel bringst,
In meiner Seele soll es nachgebildet sein.
In ihr soll Liebeswärme sich
Dem Liebeslichte opfern.

MARIA:
Johannes, du erwarbest dir im Geisterreich
Erkenntnis jetzt durch mich;
Du fügst zur Geist-Erkenntnis Seelensein,
Wenn du die eigne Seele findest,
Wie du die meine hast gefunden.

PHILIA:

Es wird aus allem Weltenwerden
Die Seelenfreude sich dir offenbaren.

ASTRID:

Es wird dein ganzes Sein
Die Seelenwärme jetzt durchleuchten können.

LUNA:

Du wirst dich selber leben dürfen,
Wenn Licht in deiner Seele leuchten kann.

ROMANUS (zu Felix Balde):

Du hieltest dich dem Tempel lange fern;
Du wolltest nur Erleuchtung anerkennen,
Wenn eigner Seele Licht sich offenbarte.
Die Menschen deines Wesens rauben mir die Kraft,
Mein Licht zu geben Erdenseelen.
Sie wollen nur aus dunklen Tiefen schöpfen,
Was sie dem Leben bringen sollen.

FELIX BALDE:

Es hat der Menschenwahn nun selbst
Aus dunklen Tiefen mir das Licht gewiesen
Und mich den Weg zum Tempel finden lassen.

ROMANUS:

Daß du den Weg hieher gefunden,
Kann mir die Kraft verleihn,
Johannes und Maria
Den Willen zu erleuchten,
Daß er nicht blinden Mächten folge,
Daß er aus Weltenzielen
Sich seine Richtung gibt.

MARIA:

Johannes, du hast dich nun selbst
Im Geist an meinem Selbst geschaut;
Du wirst als Geist dein Sein erleben,
Wenn Weltenlicht in dir sich schauen kann.

JOHANNES (zu Felix Balde):

Ich schau' in dir, mein Bruder Felix,
Die Seelenkraft, die mir im eignen Geist
Den Willen hielt gebunden.
Du hast den Weg zum Tempel finden wollen;
Ich will in meinem Geist der Willenskraft
Den Weg zum Seelentempel weisen.

RETARDUS:

Johannes' und Marias Seelen
Entringen meinem Reiche sich.
Wie sollen sie nun finden,
Was meiner Macht entspringt?
So lang im eignen Innern
Des Wissens Gründe ihnen fehlten,
Erfreuten sie sich meiner Gaben;
Gezwungen seh' ich mich,
Von ihnen abzulassen.

FRAU BALDE:

Daß ohne dich der Mensch
Zum Denken sich befeuern kann,
Ich habe dir's gezeigt.
Aus mir entströmt ein Wissen,
Das Früchte tragen darf.

JOHANNES:

Es soll dies Wissen sich dem Licht vermählen,

Das aus des Tempels vollem Quell
Den Menschenseelen leuchten kann.

RETARDUS:
Capesius, mein Sohn,
Du bist verloren;
Du hast dich mir entzogen,
Bevor des Tempels Licht dir leuchten kann.

BENEDICTUS:
Er hat den Weg begonnen.
Er fühlt das Licht
Und wird die Kraft gewinnen,
In eigner Seele zu ergründen,
Was ihm Felicia bis jetzt erzeugen muß.

STRADER:
Verloren scheine ich allein.
Ich kann die Zweifel selbst nicht bannen,
Und wiederfinden werde ich doch sicher nicht
Den Weg, der zu dem Tempel führt.

THEODORA (erscheinend):
Aus deinem Herzen
Entschwebt ein Lichtesschein,
Ein Menschenbild entringt sich ihm.
Und Worte kann ich hören,
Die aus dem Menschenbilde kommen;
Sie klingen so:
«Ich habe mir errungen
Die Kraft, zum Licht zu kommen.»
Mein Freund, vertraue dir!
Du wirst die Worte selber sprechen,
Wenn deine Zeit erfüllt wird sein.

(Vorhang fällt.)

DIE PRÜFUNG DER SEELE

SZENISCHES LEBENSBILD
ALS NACHSPIEL
ZUR «PFORTE DER EINWEIHUNG»

DURCH

RUDOLF STEINER

PERSONEN, GESTALTEN UND VORGÄNGE

Die geistigen und seelischen Erlebnisse der Menschen, welche in dieser «Prüfung der Seele» gebildet sind, stellen eine Fortsetzung derjenigen dar, welche in dem früher von mir erschienenen Lebensbilde «Die Pforte der Einweihung» vorgeführt worden sind:

Professor Capesius

Benedictus, Hierophant des Sonnentempels

<table>
<tr><td>Philia
Astrid
Luna</td><td>die geistigen Wesenheiten, welche die Verbindung der menschlichen Seelenkräfte mit dem Kosmos vermitteln</td><td rowspan="2">nicht allegorisch, sondern so, wie sie für die geistige Erkenntnis Realität sind.</td></tr>
<tr><td>Die andre Philia</td><td>die geistige Wesenheit, welche die Verbindung der Seelenkräfte mit dem Kosmos hemmt</td></tr>
</table>

Die Stimme des Gewissens, nicht allegorisch, sondern wie sie für die geistige Erkenntnis Realität ist

Maria

Johannes Thomasius

Doktor Strader

Felix Balde

Frau Balde

Der Doppelgänger des Johannes Thomasius

Lucifer

Ahriman

Sechs Bauern und sechs Bäuerinnen

Simon, der Jude, vorige Inkarnation des Doktor Strader

Thomas, vorige Inkarnation des Johannes Thomasius

Ein Mönch, vorige Inkarnation Marias

Der Großmeister, Oberhaupt eines Zweiges einer mystischen Brüderschaft

<table>
<tr><td>Erster
Zweiter</td><td>Präzeptor derselben Brüderschaft. Der erste Präzeptor, die vorige Inkarnation des Professors Capesius</td></tr>
</table>

Erster } Zeremonienmeister derselben Brüderschaft
Zweiter }

Der Geist des Benedictus

Joseph Kühne, vorige Inkarnation des Felix Balde

Frau Kühne, vorige Inkarnation der Frau Balde

Berta, deren Tochter, vorige Inkarnation der «andren Maria» in der «Pforte der Einweihung»

Cäcilia, genannt Cilli, Kühnes Pflegetochter, vorige Inkarnation der «Theodora» in der «Pforte der Einweihung»

Theodosius } Hierophanten des Sonnentempels
Romanus }

Die Ereignisse des sechsten, siebenten, achten und neunten Bildes sind der Inhalt der geistigen Rückschau des Capesius in sein voriges Leben. Dieselbe Rückschau erleben (wie die Darstellung selbst zeigt) zugleich Maria und Johannes Thomasius; nicht aber Strader, dessen vorige Inkarnation nur von Capesius, Maria und Johannes geschaut wird. Die Bilder der Rückschau in das vierzehnte Jahrhundert sind als Ergebnisse der imaginativen Erkenntnis gedacht und stellen sich daher gegenüber der Geschichte als idealisierte Darstellung von Lebensverhältnissen dar, die in der physischen Welt nur durch ihre Wirkungen erkennbar sind. Die Art der Lebenswiederholung (von Vorgängen des vierzehnten Jahrhunderts in der Gegenwart) darf nicht als etwas allgemein Gültiges aufgefaßt werden, sondern als etwas, das nur an einem Zeitenwendepunkt geschehen kann. Daher sind auch Konflikte, wie sie hier dargestellt werden, als Folgen aus einem vorigen Leben *nur* für einen solchen Zeitabschnitt möglich.

ERSTES BILD

Ein Bibliothek- und Studierzimmer des Capesius. Brauner Grundton. Abendstimmung. Capesius, dann Geistgestalten, die Seelenkräfte sind; hernach Benedictus. Dieses und die folgenden Bilder stellen Ereignisse dar, welche mehrere Jahre nach der Zeit liegen, in welcher «Die Pforte der Einweihung» spielt.

CAPESIUS (lesend in einem Buche):

«Ins Wesenlose blickend mit dem Seelenauge
Und in des Denkens Schattenbildern
Nach selbstgemachten Regeln träumend –:
So forschet oft des Menschen irrend Wesen
Nach Sinn und Ziel des Lebens.
Aus Seelentiefen will es Antwort holen
Auf Fragen, die nach Weltenweiten zielen.
Doch solches Sinnen lebt im Wahne schon
Bei seinen allerersten Schritten
Und sieht zuletzt die Geistesblicke
Ohnmächtig sich nur selbst verzehren.»
(Das Folgende sprechend.)
So prägt in ernsterfüllte Worte
Des Benedictus edler Sehergeist
Die Seelenbahn gar vieler Menschen.
Vernichtend trifft mich jedes dieser Worte – –.
Des eignen Lebensweges Bild,
Sie malen mir es grausam wahr.
Und wenn ein Gott in dieser Stunde
Aus wilder Stürme Macht
Im Zorne sich mir nahen wollte,
Es könnten seine Schreckgewalten
Entsetzensvoller mich nicht quälen
Als dieser Schicksalsworte Kraft.
In einem langen Menschenleben

Hab' ich gewoben nur in Bildern,
Die schattenhaft sich zeichnen
Im Seelentraum, der wahnbefangen
Natur und Geistestaten spiegelt
Und der aus seinem Traumgewebe
Gespenstig Weltenrätsel lösen will.
Ich wandte nach so manchem Ziel
Die suchende Seele rastlos hin –;
Doch klar muß ich erkennen:
Ich selbst – ich lebte nicht in meiner Seele,
Wenn wahnbetört in Weltenfernen
Des Denkens Fäden hin sich spannen wollten.
– – – – – – – – – – –
So blieb ein leeres Sinnen nur,
Was ich in Bildern selbstgefällig malte.
Da trat in meine Lebensbahn
Thomasius, der junge Maler –;
Er schritt durch wahre Seelenkräfte
Zu jener hohen Geistesart,
Die Menschenwesen wandelt
Und aus verborgnen Seelenschachten
Entsteigen läßt die Kräfte,
Die Daseinsquellen schaffen.
Was ihm erwuchs aus Seelengründen –:
Es ruht in jedem Menschen.
Und weil es mir an ihm sich offenbarte,
Erkenn' ich als des Lebens größte Sünde,
Den Geistesschatz verfallen lassen. –
– – – – – – – – – – –
So weiß ich, daß ich suchen muß – – –
Und darf im Zweifel nicht verharren.
Es hätte *früher* meines Denkens eitler Weg
Zur falschen Meinung mich verführen können:
Vergebens sei des Menschen Forschungstrieb,

Entsagung nur gezieme allem Sinnen,
Das nach den Lebensquellen strebt.
– – – – – – – – – – –
Und wenn als aller Weisheit Schluß
Sich sicher mir ergeben hätte,
Daß Menschenschicksalsmächte fordern,
Als Eigenwesen zu versinken
Ins wesenlose Nichts:
Ich wagt' es unverzagt. – – –
Es wäre Frevel, so zu denken,
Nachdem ich deutlich hab' erfahren,
Daß ich nicht Ruhe finden darf,
Bevor der Geistesschatz in meiner Seele
Das Licht des Tages hat gefunden.
– – – – – – – – – – –
Es haben Geisteswesen ihrer Arbeit Früchte
In Menschenseelen eingepflanzt;
Und Götterwerk vernichtet,
Wer ungepflegt die Geistessamen läßt verwesen.
So kann ich höchste Lebenspflicht erkennen –;
Doch will ich einen Schritt nur wagen
In jenes Reich, das ich nicht meiden darf,
So fühl' ich, wie die Kräfte mir versagen,
Durch die in hochmutvollem Denken
Ich deuten wollte Lebensziele
In Zeitenstrom und Weltenweiten.
Einst glaubte ich, mit Leichtigkeit
Gedanken aus dem Hirn zu pressen,
Die Wirklichkeiten greifen sollten.
Doch jetzt, da ich den Lebensquell
Im Wahrheitlicht erfassen will,
Erscheint des Denkens Werkzeug stumpf –,
Und machtlos quäl' ich mich,
Gedankenbilder klar zu formen

Aus Benedictus' ernsten Worten,
Die mir die Geisteswege weisen sollen:
(Das Weitere wieder lesend.)
«In deine Seelentiefen dringe ruhig;
Und Starkmut laß dir Führer sein.
Verliere frühern Denkens Formen,
Wenn du versinkst in dich,
Um dich zu dir zu führen.
Ertötend alles Eigenlicht,
Erscheint dir Geisteshelle.»
(Das Folgende wieder sprechend.)
Es ist, als ob der Atem mir versagen wollte,
Wenn ich erstrebe solcher Rede Sinn zu fassen.
Und eh' ich fühle, was ich denken soll,
Ergreifen Angst und Schrecken meine Seele.
Empfinden muß ich, wie wenn alles,
Was bis hierher im Leben mich umgab,
Zusammenstürzen und in seinen Trümmern
Zum Nichts mich wandeln müßte.
O, hundertmal hab' ich gelesen
Die Worte, die nun folgen – – –:
Mit einem jeden Male ist
Nur finsterer die Finsternis
Um mich hereingebrochen.
(Wieder lesend.)
«In deinem Denken leben Weltgedanken,
In deinem Fühlen weben Weltenkräfte,
In deinem Willen wirken Weltenwesen.
Verliere dich in Weltgedanken,
Erlebe dich durch Weltenkräfte,
Erschaffe dich aus Willenswesen.
Bei Weltenfernen ende nicht
Durch Denkenstraumesspiel – – –;
Beginne in den Geistesweiten,

Und ende in den eignen Seelentiefen: –
Du findest Götterziele,
Erkennend dich in dir.»

(Ohnmächtig durch eine Vision in sich versinkend.
Zu sich kommend, das Weitere sprechend.)

Was war dies?

(Drei Gestalten, als Seelenkräfte, umschweben ihn.)

LUNA:

Die Kraft, sie fehlt dir nicht
Zum edlen Geistesflug.
Sie ist gegründet
Im Menschenwollen.
Sie ist gehärtet
Von Hoffnungssicherheit.
Sie ist gestählet
Von Zukunftsferneblicken.
Der Mut nur fehlet dir,
Ins Wollen zu ergießen
Die Lebenszuversicht – – –.
Ins weite Unerkannte
Zu wagen nur, erkühne dich!

ASTRID:

Von Weltenfernen
Aus Sonnenfreudelicht –
Von Sternenweiten
Aus Weltenzaubermacht –,
Vom blauen Himmelsäther
Aus Geistes Höhenkraft –
Erstrebe Seelenmacht
Und lenke ihre Strahlen
In Herzensgründe,
Erwarmend wird Erkenntnis
Erzeugen sich in dir.

DIE ANDRE PHILIA:

Sie täuschen dich,
Die bösen Schwestern;
Sie wollen dich umspinnen
Mit Lebensgaukelspiel.
Es wird zerfließen
Der Gaben eitler Trug,
Den sie dir reichen,
Wenn du mit Menschenkraft
Ihn halten willst.
Sie führen dich
Zu Götterwelten
Und werden dich zerstören,
Wenn du in ihrem Reich
Das Menschenwesen
Ertrotzen willst.

CAPESIUS:

Es war ganz deutlich – – –
Es sprachen Wesen hier – –
Und doch, es ist gewiß – –
Kein Mensch ist außer mir
An diesem Ort – – – –
– – – – – – – – – – –
So habe ich zu mir nur selbst gesprochen – – –?
Auch das ist möglich nicht;
Denn nimmer könnte ich ersinnen,
Was ich zu hören meinte – –
– – – – – – – – – – –
Bin ich denn noch,
Der ich vordem war?

(An seinen Gebärden ist zu bemerken, daß er sich unfähig fühlt, «Ja» zu antworten.)

O – ich bin – ich bin es nicht –
– – – – – – – – – – –

GEISTESSTIMME, DAS GEISTIGE GEWISSEN:

Es steigen deine Gedanken
In Menschenwesens Tiefen.
Was als Seele dich umhüllt,
Was als Geist in dich gebannt,
Entschwebet in Weltengründe;

Von deren Fülle
Die Menschen trinkend
Im Denken leben;
Von deren Fülle
Die Menschen lebend
Im Scheine weben.

CAPESIUS:

Zu viel .... zu viel – –
Wo ist Capesius?
Ich fleh' zu euch,
Ihr unbekannten Mächte,
Wo ist ..... Capesius?
Wo bin ich selbst?
(Er versinkt neuerdings brütend in sich.)

BENEDICTUS (tritt ein. Capesius bemerkt ihn zunächst nicht, Benedictus berührt ihn an der Schulter):

Es ist mir kundgeworden,
Daß ihr verlangt, mit mir zu sprechen;
So sucht' ich euch in eurem Heim.

CAPESIUS:

So gütig ist's von euch,
Den Wunsch mir zu erfüllen.
Doch hättet ihr mich kaum
In einer schlechtren Lage treffen können.

– – – – – – – – – – –
Und daß nach solcher Seelenpein,
Wie sie mich eben traf,
Ich nicht gelähmt am Boden
In diesem Augenblicke vor euch liege,
Nur eurem milden Blicke dank' ich es,
Der meinen fand, als eure Hand
So sanft mich aus den Schreckensträumen weckte.

BENEDICTUS:

Verborgen ist's mir nicht,
Daß ich im Lebenskampfe euch getroffen.
Ich wußt' es lange schon,
Daß wir uns so begegnen müssen.
Gewöhnet euch, zu wandeln mancher Worte Sinn,
Wenn wir uns ganz verstehen sollen.
Und wundert euch dann nicht,
Wenn euer Schmerz in meiner Sprache
Den Namen ändern muß.
– – – – – – – – – – –
Ich finde euch im Glücke.

CAPESIUS:

So mehrt ihr noch die Qual,
Die mich in Finsternisse wirft.
Ich fühlte eben, als wenn entflohn
Das eigne Selbst in Weltentiefen wäre,
Und durch des Selbstes Glieder fremde Wesen
In diesem Raume sprächen. –
Daß ich solch Geistesgaukelspiel
Als Wahn empfinden durfte,
Und Schmerz mir war der Trug der Seele:
Das hielt allein mich aufrecht.
O raubt mir solchen Fühlens Stütze nicht! –

Nennt Glück mir nicht, was Fieberwahn, –
Soll ich nicht ganz verloren sein.

BENEDICTUS:

Es kann der Mensch verlieren nur,
Was ihn vom Weltenwesen scheidet.
Und scheint ihm erst verloren,
Was er in Denkens Traumesstimmung
Zu wesenlosem Dienst mißbraucht',
So soll er suchen, was sich ihm entwunden.
Er wird es wiederfinden
Und dann es erst in rechter Art
Dem Menschenwerke weihen.
Zu trösten euch in dieser Stunde,
Es wär' ein lehrhaft Spiel mit Worten.

CAPESIUS:

Nein – Lehren, die Vernunft allein genügen,
Sie sind doch wahrlich nicht bei euch zu finden.
Ich hab' es schwer empfinden müssen.
Gleich Taten, die auf Höhen führen
Und auch in Abgrundtiefen stürzen,
So strömet feurig Leben
Und Todeskälte auch durch eure Reden
In Menschenseelen kraftvoll ein.
Sie wirken wie des Schicksals Winke
Und auch wie Lebensliebesstürme.
Ich hab' gedacht, geforscht,
Bevor ich euch begegnet; – –
Des Geistes Schöpferkräfte
Und sein Vernichtungswerk,
Sie kenn' ich erst,
Seit ich in eure Spuren trat.
– – – – – – – – – –

Was euer Wort in meiner Seele angerichtet,
Das fandet ihr an mir,
Als ihr in meine Stube tratet.
Ich war zermartert oft
Beim Lesen eures Lebensbuches,
Doch heute war der Qualen Maß erfüllt.
Und überfließen mußte meine Seelennot
Durch eures Buches Schicksalswort.
Verständnis eurer Reden,
Es blieb versagt der Seele;
Doch wie ein Lebenssaft
Ergoß das Wort ins Herz sich mir
Und wirkte Zauberwelten,
Daß mir des Sinnes Klarheit schwand.
Gespenstig Wesen sah ich um mich gaukeln.
Bedeutsam dunkle Worte konnte ich
Aus krankhaft irrer Seele tönen hören.
Ich weiß, daß ihr nicht alles,
Was ihr für Menschenseelen hütet,
Der Schrift wollt anvertrauen,
Und daß ihr manches Rätsels Lösung
Je nach Bedürfnis an die Menschen wendet.
So gönnt auch mir, wes ich bedarf;
Denn wissen muß ich,
Was mir Vernunft und Sinne raubte
Und mich mit luftig Zauberwerk umgab.

BENEDICTUS:

Es wollen meine Worte nicht das allein nur sagen,
Was als Begriffeshüllen sie verraten;
Sie lenken Seelenwesenskräfte
Zu Geisteswirklichkeiten;
Ihr Sinn ist erst erreicht,
Wenn sie das Schauen lösen in den Seelen,

Die sich ergeben ihrer Kraft.
Sie stammen nicht aus meinem Forschen,
Sie sind von Geistern mir vertraut,
Die kundig sind der Zeichen,
In welchen sich das Weltenkarma offenbart.
Zu führen an Erkenntnisquellen,
Ist dieser Worte Eigenheit.
Doch muß dem Menschen es verbleiben,
Der sie vernimmt im wahren Wesen,
Zu trinken Geistessäfte aus den Quellen.
Und gegen meiner Worte Absicht ist es nicht,
Daß sie in Welten euch entrückt,
Die euch gespenstig scheinen.
Ihr habt ein Reich betreten,
Das Wahn euch bleiben muß,
Wenn ihr in ihm euch selbst verliert;
Das sicher aber aller Weisheit erste Pforte
Für eure Seele öffnen wird,
Wenn ihr in ihm euch selbst bewahrt.

CAPESIUS:
Und wie kann ich mich selbst bewahren?

BENEDICTUS:
Die Lösung wird euch dieser Rätselfrage,
Wenn ihr mit wachem Seelenauge
Euch stellt vor manche Wunderdinge,
Die bald in eure Wege treten sollen.
Zur Prüfung seh' ich euch gefordert
Von Schicksalsmächten und von Geistgewalten.
(Geht ab.)

CAPESIUS:
Zwar kann ich seiner Worte Sinn nicht deuten,

Doch fühl' ich sie in meinem Wesen wirken.
Er hat ein Ziel mir angewiesen – –:
Ich will dem Wink gehorchen.
Er fordert nicht Gedankenstreben;
Er will, daß ich in Geisteswirklichkeiten
Die Schritte forschend lenke.
– – – – – – – – – – –
Ich kenne seiner Sendung Wesen nicht;
Vertrauen doch erzwingt sein Tun;
Er hat mich wieder zu mir selbst gebracht.
So mag für diese Stunde
Mir ungewiß auch bleiben
Das Zauberwesen, das mich schreckte;
Ich will mich frei entgegenstellen
Den Dingen, die er mir prophetisch kündet.

(Vorhang, während Capesius noch stehenbleibt.)

ZWEITES BILD

Ein Meditationszimmer in violettem Grundton. Ernste, doch nicht düstere Stimmung. Benedictus, Maria, dann Geistgestalten, die Seelenkräfte darstellen.

MARIA:

Es drängen schwere Seelenkämpfe mich,
In dieser Stunde meines Führers weisen Rat zu hören.
Es steiget finstre Ahnung mir im Herzen auf,
Und unvermögend bin ich,
Zu widersetzen mich Gedanken,
Die immer wieder mich bestürmen.
Sie treffen mich in meines Wesens tiefstem Kern;
Sie wollen ein Gebot mir auferlegen,
Das zu befolgen mir wie Frevel scheint.
Es müssen Truggewalten mich berücken – –;
Ich fleh' euch – helft – –,
Daß ich sie bannen kann.

BENEDICTUS:

Es soll in keiner Zeit euch fehlen,
Was ihr von mir erwünscht.

MARIA:

Ich weiß, wie eng verbunden meiner Seele
Johannes' Lebenswege sind.
Ein schwerer Schicksalspfad hat uns geeint;
Und in den hohen Geisteswelten
Hat Götterwille unsern Bund geweiht.
Das alles steht so klar vor mir
Wie nur der Wahrheit Bild allein.
Und doch – mich faßt ein Grausen schon,
Wenn ich die Lippen öffnen soll

Zu diesem frevelhaften Wort –,
Und doch – ich hör's aus Seelentiefen
Ganz deutlich zu mir sagen
Und stets von neuem wiederholen,
Wenn ich es überwunden glaube –:
«Du mußt Johannes von dir trennen;
Du darfst ihn halten nicht an deiner Seite,
Willst Unheil an seiner Seele du vermeiden.
Er muß allein die Bahnen wandeln,
Die ihn zu seinen Zielen führen.»
Ich weiß, wenn ihr ein Wort nur sprecht,
So flieht das Wahneswerk aus meiner Seele.

BENEDICTUS:

Maria, dir läßt ein edler Schmerz
Die Wahrheit jetzt als Truggebild erscheinen.

MARIA:

Es wäre – Wahrheit – – – –
Doch nein! – auch zwischen meines Führers Rede
Und mein Gehör schleicht sich das Wahneswesen.
O sprecht zum zweiten Male.

BENEDICTUS:

Du hast mich recht verstanden –.
Deine Liebe ist von edler Art,
Und eng verbunden war Johannes dir.
Doch darf die Liebe nicht vergessen,
Daß sie der Weisheit Schwester ist.
Zu Johannes' Heil ward er
Durch lange Zeiten dir vereint;
Doch fordert seiner Seele weitre Bahn,
Daß er in Freiheit sich die eignen Ziele suche.
Es spricht der Schicksalswille

Von äußrer Freundschaftstrennung nicht;
Doch fordert er mit aller Strenge
Johannes' freie Tat im Geistgebiet.

MARIA:

Noch immer hör' ich Wahn!
So lasset *mich* nur weitersprechen;
Ihr müsset mich verstehn;
Denn wagen wird kein Truggebild,
Vor eurem Ohr das Wort zu wandeln.
Es wären alle Zweifel leicht zu bannen,
Wenn nur des Erdenlebens wirrer Lauf allein
Johannes' Seele an der meinen halten wollte.
Doch ward die Weihe unserm Bund verliehn,
Die ewig Seel' an Seele bindet.
Und Geistgewalten sprachen segnend
Das Wort, das alle Zweifel bannt:
«Er hat die Wahrheit sich errungen
Im Reich der Ewigkeiten,
Weil er in Sinneswelten schon
Dir war im tiefsten Sein verbunden.»
Wie kann ich fassen jene Offenbarung,
Wenn jetzt das Gegenteil als Wahrheit gelten soll?

BENEDICTUS:

Du mußt erfahren, wie noch vieles
Auch dem zur vollen Reife fehlen kann,
Der manche Offenbarung schon erleben durfte.
Der höhern Wahrheit Wege sind verworren; –
Nur der vermag zurechtzufinden sich,
Der in Geduld durch Labyrinthe wandeln kann.
Du hast erst einen Teil der Wirklichkeit
Im Reich des Höhenlichtes schauen können,
Als dir vor deine Seelenaugen trat

Ein Bild des Geisterlandes.
Noch ist das Bild nicht volle Wirklichkeit.
Johannes' Seele und die deine
Verbinden Erdenbande solcher Art,
Daß einer jeden kann beschieden sein,
Den Weg ins Geistgebiet zu finden
Durch Kräfte, welche sie der andern dankt.
Jedoch hat nichts bis jetzt geoffenbart,
Ob ihr genügt habt jeder Forderung.
Ihr habt im Bilde schauen dürfen,
Was in der Zukunft euch beschieden ist,
Wenn ihr die volle Prüfung könnt bestehen.
Daß euch des Strebens Früchte sind gezeigt,
Beweist euch nicht, daß ihr
Des Strebens Ende habt erreicht.
Ihr habt ein *Bild* erblickt – –,
Doch euer Wille kann allein
Das Bild in Wirklichkeit verwandeln.

MARIA:

Zwar treffen deine Worte mich
Wie schwerster Schmerz nach langem Glück-
Doch hab' ich wohl gelernt, [empfinden;
Dem Licht der Weisheit mich zu beugen,
Wenn sie durch innre Kraft sich wirksam zeigt.
Und schon beginnt in Klarheit sich zu wandeln,
Was dunkel meinem Herzen war bis jetzt.
Doch wenn des Irrtums Schein in höchstem Glück-
[erlebnis
Gewaltsam sich als Wahrheit gibt dem Menschen-
Ist Seelenfinsternis nur schwer zu bannen. [sinn,
Ich brauche mehr noch, als ihr schon gegeben,
Soll eurer Rede ich auch wirklich folgen können.
Ihr habt mein Selbst geführt in jene Seelengründe,

In welchen Licht mir ward gewährt,
Daß ich durchschauen durfte Erdenleben,
Die mir in lang vergangner Zeit beschieden waren.
Erfahren durfte ich, wie sich gefunden
Des Freundes Seele und die meine.
Daß ich in jenen alten Zeiten
Johannes' Seele zum echten Geistesworte führte,
Das durft' ich als den Keim betrachten,
Der wachsend uns gebracht der Freundschaft [Frucht,
Die reif befunden ward für Ewigkeiten.

BENEDICTUS:
Für würdig wurdest du erkannt,
In Erdenpfade einzudringen,
Die dir beschieden waren
In langvergangnen Tagen.
Doch sollst du nicht vergessen
Zu forschen, ob du auch Gewißheit hast,
Daß keiner deiner Lebenspfade sich verbirgt,
Wenn du das Geistesauge rückwärts wendest.

MARIA (nach einer Pause, die auf tiefe Selbstbesinnung weist):
O wie nur konnt' ich so verblendet sein!
Die Seligkeit, die ich empfand,
Als einen Teil der Vorzeit ich erblicken durfte,
Sie hat in eitlem Wahn vergessen mich schon lassen,
Wie vieles mir noch fehlt.
Und jetzt erst kann ich ahnen,
Daß ich in Finsternisse blicken muß,
Wenn ich den Weg ergründen will,
Der von des Lebens Gegenwart mich führt in jene [Zeiten,
Da meines Freundes Seele
Sich zugewandt der meinen.
Geloben will ich euch, mein Führer,

Zu zähmen meiner Seele Übermut – –!
Erst jetzt erkenne ich, wie Wissenseitelkeit
Die Seele kann verführen;
Daß sie, statt Kraft zu saugen
Aus ihr gereichtem Geistesgut,
Die Gabe nur gebrauchen will
Zu frevler Selbstbespiegelung.
Ich weiß in diesem Augenblicke
Durch meines Herzens Warnungsruf,
Dem eure Worte Kraft verleihn,
Wie weit vom nächsten Ziele
Entfernt ich mich noch fühlen muß.
Nicht vorschnell will ich ferner deuten
Das Wissen aus dem Geistesland.
Ich will als Kraft es schätzen,
Die meine Seele bilden soll –,
Und nicht als Weisung,
Die mir ersparen kann die Mühe,
Im Leben selbst des Handelns Ziele zu erkennen.
Hätt' ich befolgt schon früher dieses Wort,
Das mir Bescheidenheit gebietet:
Es wär' mir dunkel nicht geblieben,
Daß frei sich nur entfalten kann
Des Freundes reichbegabte Seele,
Wenn sie sich Wege sucht,
Die nicht von mir ihr vorgezeichnet werden.
Und da ich dies erkannt,
So werde ich die Kraft gewinnen,
Zu tun, was Pflicht und Liebe fordern.
Doch fühle ich in dieser Stunde mehr,
Als ich vorher es jemals fühlte,
Daß ich vor schwerer Seelenprüfung stehe.
Wenn sonst die Menschen aus den Herzen reißen,
Was von dem einen in dem andern lebt,

So hat die Liebe sich ins Gegenbild verändert.
Sie wandeln selbst die Bande, welche sie verknüpfen,
Doch geben ihnen Trieb und Leidenschaft die Kraft;
Ich aber soll durch freien Willen tilgen
Die Wirkung, welche ich von meinem Seelenleben
In meines Freundes Taten sich vollziehen sah.
Und doch muß meine Liebe unverändert bleiben.

BENEDICTUS:

Du wirst den Weg im rechten Sinne gehn,
Wenn du erkennen willst,
Was dir am meisten wertvoll war an dieser Liebe.
Denn weißt du, welche Kraft
In deiner Seele unbewußt dich lenkt,
So findest du die Macht,
Zu tun, was dir die Pflicht gebieten muß.

MARIA:

Dies sprechend, gebt ihr schon die Hilfe,
Die meine Seele jetzt so nötig hat.
Ich muß an meine Wesenstiefen
Die ernste Frage stellen:
Was treibt mit starker Kraft in dieser Liebe mich?
Ich sehe meiner Seele Eigenleben wirkend
In meines Freundes Wesen und in seinem Schaffen.
So such' ich nach Befriedigung,
Die ich empfinde an dem eignen Selbst;
Und lebe in dem Wahne, daß ich selbstlos sei.
Verborgen ist mir doch geblieben,
Daß ich im Freunde nur mich *selbst* bespiegle.
Es war der Selbstsucht Drache,
Der täuschend mir verhüllte,
Was mich in Wahrheit trieb.
Es wandelt sich die Selbstsucht hundertfach,

Das muß ich jetzt erkennen.
Und hält man sie besiegt,
Ersteht sie nur mit größrer Kraft
Aus ihrer Herrschaft Trümmern.
Und auch an jener Kraft gewinnt sie dann,
Die Wahn als Wahrheit täuschend offenbart.
(Maria verfällt in tiefes Sinnen. Benedictus geht ab.)

– – – – – – – – – – –

(Die drei Gestalten der Seelenkräfte erscheinen.)

MARIA:
Ihr, meine Schwestern, die ich
In Wesenstiefen finde,
Wenn meine Seele sich erweitet
Und in die Weltenfernen
Sich selbst geleitet,
Entbindet mir die Seherkräfte
Aus Ätherhöhen
Und führet sie auf Erdenpfade;
Daß ich im Zeitensein
Mich selbst ergründe
Und die Richtung mir geben kann
Aus alten Lebensweisen
Zu neuen Willenskreisen.

– – – – – – – – – – –

PHILIA:
Ich will erfüllen mich
Mit strebendem Seelenlicht
Aus Herzenstiefen;
Ich will eratmen mir
Belebende Willensmacht
Aus Geistestrieben;
Daß du, geliebte Schwester,

In alten Lebenskreisen
Das Licht erfühlen kannst.
– – – – – – – – – –

ASTRID:
Ich will verweben
Sich fühlende Eigenheit
Mit ergebenem Liebewillen;
Ich will entbinden
Die keimenden Willensmächte
Aus Wunschesfesseln
Und dir das lähmende Sehnen
Verwandeln in findendes Geistesfühlen;
Daß du, geliebte Schwester,
In fernen Erdenpfaden
Dich selbst ergründen kannst.
– – – – – – – – – –

LUNA:
Ich will berufen entsagende Herzensmächte
Und will erfestigen tragende Seelenruhe.
Sie sollen sich vermählen
Und kraftendes Geistesleuchten
Aus Seelengründen heben;
Sie sollen sich durchdringen
Und lauschendem Geistgehör
Die Erdenfernen zwingen;
Daß du, geliebte Schwester,
In weitem Zeitensein
Die Lebensspuren finden kannst.
– – – – – – – – – –

MARIA (nach einer Pause):
Wenn ich mich entreißen kann

Verwirrendem Selbstgefühl
Und mich euch geben darf:
Daß ihr mein Seelensein
Mir spiegelt aus Weltenfernen:
Vermag ich zu lösen mich
Aus diesem Lebenskreise
Und kann ergründen mich
In andrer Daseinsweise.
(Längere Pause, dann das Folgende.)

MARIA:
In euch, ihr Schwestern, schau' ich Geisteswesen,
Die Seelen aus dem Weltenall beleben.
Ihr könnt die Kräfte, die in Ewigkeiten keimen,
Im Menschen selbst zur Reife bringen.
Durch meiner Seele Tore durft' ich oft
Den Weg in eure Reiche finden
Und Erdendaseins Urgestalten
Mit Seelenaugen schauen.
Bedürftig bin ich eurer Hilfe jetzt,
Da mir obliegt, den Weg zu finden
Von meiner gegenwärtigen Erdenfahrt
In langvergangne Menschheitstage.
Entbindet mir das Seelensein vom Selbstgefühl
In seinem Zeitenleben.
Erschließet mir den Pflichtenkreis
Aus meiner Vorzeit Lebensbahnen.
– – – – – – – – – – –

GEISTESSTIMME, DAS GEISTIGE GEWISSEN:
Es suchen ihre Gedanken
In Zeitenspuren.
Was als Schuld ihr geblieben,
Was als Pflicht ihr gegeben,

Entsteige ihrem Seelengrunde,
Aus dessen Tiefe
Die Menschen träumend
Ihr Leben führen;
In dessen Tiefe
Die Menschen irrend
Sich selbst verlieren.

(Vorhang fällt, während noch alles auf der Bühne steht.)

DRITTES BILD

Zimmer in rosenrotem Grundton, freundliche Stimmung. Johannes vor einer Staffelei; Maria später eintretend; dann Geistgestalten als Seelenkräfte.

JOHANNES:

Maria schwieg vor meinem Bilde,
Als sie zuletzt es sah. –
Sie schenkte mir vorher doch stets
Aus ihrer Weisheit reichem Schatze,
Was meines Werkes Fortgang fördern kann.
So wenig ich mir selbst getraue,
Ein Urteil mir zu bilden,
Ob ich mit meiner Kunst erfülle,
Was unsre Geistesströmung fordert,
So sehr vertrau' ich ihr –
Und immer wieder höre ich das Wort im Geiste,
Das kraftverleihend mich beglückte,
Als ich an dieses Bild mich wagte.
«Du kannst auf diesem Wege», sprach sie,
«Das Wagnis unternehmen,
Was geistig nur die Seele schaut,
Dem Sinnenschein zu offenbaren.
Es wird dir nicht verborgen bleiben,
Wie Formen, Gedanken gleichend,
Den Stoff bezwingen;
Und Farben, gefühlsverwandt,
Die Lebenskraft durchwärmen.
So darfst du auch die höhern Reiche
Mit deinem Können bilden.»
Empfindend dieser Worte Kraft,
Ergeb' ich zaghaft mich dem Glauben,
Daß ich dem Ziele näherkomme,

Das Benedictus mir gewiesen hat.
Ich saß oft mutlos vor dem Bilde;
Vermessen schien es mir so manche Stunde,
Unmöglich dünkt es mir zu andern Zeiten,
In Farben und in Formen nachzubilden,
Was meine Seele schauen darf.
Wie kann man webend Geistessein,
Das allem Sinnesschein entrückt,
Sich nur dem Seheraug' erschließt,
Mit Mitteln offenbaren,
Die doch dem Sinnenreich gehören,
So fragt' ich mich recht oft.
Wenn ich jedoch verbanne Eigenwesen
Und nach der Geisteslehre Sinn
Zu schaffenden Weltenmächten
In Seligkeit entrückt mich fühlen darf,
Erwacht in mir der Glaube
An solche Kunst, die mystisch wahr
Wie unsre Geistesforschung ist.
Ich lernte mit dem Lichte leben
Und in der Farbe des Lichtes Tat erkennen,
Wie echter Mystik wahre Schüler
Im Reich des form- und farbenlosen Lebens
Die Geistestaten und das Seelensein erschauen.
Vertrauend solchem Geisteslicht,
Erwarb ich mir die Fähigkeit,
Zu fühlen mit dem flutenden Lichtesmeere,
Zu leben mit den strömenden Farbengluten;
Erahnend waltende Geistesmächte
Im stoffentrückten Lichtesweben,
Im geisterfüllten Farbenleben.
(Maria tritt ein, ohne von Johannes bemerkt zu werden.)

– – – – – – – – – –

Und wenn mich dann der Mut verlassen will,

So denk' ich deiner, edle Freundin. –
In deinem Seelenfeuer
Erwarmet meine Schaffenslust;
In deinem Geisteslicht
Erwachen mir die Glaubenskräfte.
(Er sieht Maria.)
O – du bist hier – – – – –,
Ich harrte deiner ungeduldig
Und konnte doch dein Nahen übersehn!

MARIA:
Erfüllen muß es mich mit Freude,
Den Freund in seine Arbeit so vertieft zu sehn,
Daß er der Freundin selbst vergißt.

JOHANNES:
O sprich nicht solches Wort –,
Du weißt, wie nichts ich schaffen kann,
Das nicht von dir gesegnet ist.
Es gibt kein Werk von mir,
Das dir nicht seinen Ursprung dankt.
Du hast im Liebefeuer mich geläutert;
Daß ich vermag, durch meine Kunst zu bilden,
Was dir sich offenbart im Schönheitsglanz,
Der wesenswärmend, seinverklärend strahlt
Und strahlend offenbart das Geistesland.
Empfinden muß ich meines Schaffens Strom
Aus deiner Seele Quell' in meine fließen;
Dann fühle ich die Schwingen, die mich heben
Zu erdenfernen, geisterfüllten Höhen. –
Ich liebe, was in deiner Seele lebt,
Und kann ihm liebend Bildgestalt verleihn.
Nur Liebe kann dem Künstler Kräfte zeugen,
Die in den Werken fruchtbar weiterleben.

Und soll ich Bilder aus den Geistesweiten
Als Künstler in die Sinnenwelten tragen,
So muß der Weltengeist durch mich erscheinen,
Und Werkzeug nur mein Eigenwesen sein.
Der Selbstsucht Fesseln muß ich sprengen können;
Daß ich nicht eigner Willkür Wahngestalten
Statt Geisterwelten kunstvoll bilden möchte.
– – – – – – – – – – –

MARIA:
Und wenn du, statt durch meine Seelenschau,
Aus dir des Werkes Urbild holen müßtest,
Es könnte dann aus Einem Seelengrunde
Der Schönheit Wesen einheitvoller wirken.
– – – – – – – – – – –

JOHANNES:
Ich müßte nur nach eitlen Denkgespinsten jagen,
Wenn ich ergrübeln wollte, was mir besser ist:
Ob deine Geistesschau verkörpernd schaffen,
Ob in mir selbst der Bilder Ursprung suchen.
Ich weiß, daß ich ihn so nicht finden könnte.
– – – – – – – – – – –
Versenken kann ich mich in Seelengründe
Und selig mich in Geisteswelten finden;
Ich kann am Sinnenreiche mich verlieren
Und mit dem Auge folgen Farbenwundern,
Die Schöpfungstaten mich erschauen lassen.
Bin ich mit meiner Seele nur allein,
So führt, was ich erleben kann in mir,
Ein Dasein nur, das nicht zum Schaffen drängt.
Doch darf ich dir in Weltenhöhen folgen
Und warm in Seligkeit dir nacherleben,
Was du schon dort im Geist erblicken konntest,

Empfind' ich Feuer in der Geistesschau,
Das in mir selbst dann weiterflammt und flammend
In mir entzündet Kräfte, die zum Schaffen zwingen.

– – – – – – – – – – –

Wenn ich in Worten wollte Menschen künden,
Was ich in Höhenwelten kann erkennen,
So dürft' ich mich mit eigner Seele heben
In Sphären, wo der Geist zum Geiste spricht.
Als Künstler muß ich jenes Feuer finden,
Das aus dem Werk in Herzen strahlend wirkt;
Und meine Seele kann dem Bild nur geben,
Was magisch Geistesglut in Herzen strömt,
Wenn sie erst selbst aus *deinen* Herzenstiefen
Die Geistesoffenbarung trinken kann.

– – – – – – – – – – –

Wie Ursprungskräfte sich in Sehnsucht dichten,
Und Schöpfungsmächte geistend sprühen,
Und schon, den Menschen fühlend, seinbedürftig,
Als Götter sich im Zeitbeginn erschaffen,
Dies hat der Freundin Seele oft mit edler Rede
In unsichtbarer Art mich greifen lassen.
Im zarten Ätherrot der Geisteswelt
Versucht' ich, Unsichtbares zu verdichten;
Empfindend, wie die Farben Sehnsucht hegen,
Sich geistverklärt in Seelen selbst zu schauen.
So spricht der Freundin Seelenwesen wie mein eignes
Aus meinen Bildern zu den Menschenherzen.

MARIA:

Bedenk', Johannes, daß die Eine Seele,
Getrennt von andern, als ein Eigenwesen
Seit Weltbeginn sich selbst entfalten muß.
Die Liebe soll getrennte Wesen binden,
Doch nicht die Eigenheiten töten wollen.

Es ist der Augenblick für uns gekommen,
In welchem wir die Seelen prüfen müssen,
Wie sie des Geistespfades weitre Schritte
Zu einer jeden Heil zu lenken haben.
– – – – – – – – – – –

(Geht ab.)

JOHANNES:

Was sprach die Freundin?
So unverständlich klangen ihre Worte!
Ich muß dir folgen, Maria! – – –

(Die drei Gestalten der Seelenkräfte erscheinen.)

LUNA:

Du kannst dich selbst nicht finden
Im Spiegel einer andern Seele.
Die Kraft des eignen Wesens,
Sie muß im Weltengrunde Wurzeln schlagen,
Wenn sie aus Geisteshöhn
Die Schönheit in die Erdentiefen
Mit echtem Sinn verpflanzen will.
Erkühne dich zum Eigensein,
Daß du als starke Seelenform
Dich Weltenmächten opfern kannst.
– – – – – – – – – – –

ASTRID:

Du sollst auf deinen Weltenwegen
Dich nicht verlieren wollen;
Zu Sonnenfernen dringen Menschen nicht,
Die sich des Eigenseins berauben wollen.
So mache dich bereit,
Durch Erdenliebe vorzudringen
In tiefe Herzensgründe,

Die Weltenliebe reifen lassen.
– – – – – – – – – – –

DIE ANDRE PHILIA:
O höre nicht die Schwestern;
Sie führen dich in Weltenweiten
Und rauben dir die Erdennähe; –
Sie sehen nicht, wie Erdenliebe
Der Weltenliebe Züge trägt.
In Kälte walten ihre Wesenheiten;
Die Wärme fliehen ihre Kräfte,
Und Menschen wollen sie entführen
Aus ihren Seelentiefen
In kalte Höhenwelten.

(Vorhang, während Johannes, die andre Philia, Astrid, Luna noch stehenbleiben.)

VIERTES BILD

Dasselbe Zimmer wie im ersten Bild. Capesius und Strader.

CAPESIUS (zu dem eintretenden Strader):
Mit Freuden grüße ich den Freund,
Der mir in mancher heißen Redeschlacht
Recht wacker standgehalten.
Ihr habt euch lange nicht
In meinem Hause sehen lassen. –
Ihr habt es früher doch so gern besucht.

STRADER:
Es fehlte mir an Zeit.
Mein Leben hat sich stark verändert.
Ich martre mein Gehirn nicht mehr
Mit hoffnungslosen Denkgespinsten.
Ich hab' das Wissen, das ich mir erwarb,
Der echten Arbeit Dienst gewidmet,
Die Nutzen stiften kann im Leben.

CAPESIUS:
So habt ihr denn verlassen euren Forscherweg?

STRADER:
Man könnt' auch sagen,
Ich sei von ihm verlassen worden.

CAPESIUS:
Und welchem Ziele habt ihr euch denn zugewandt?

STRADER:
Das Leben ist geeignet nicht,
Dem Menschen Ziele anzuweisen,

Die lichtvoll er durchschauen kann.
Ein Triebwerk ist es nur,
Das uns in seine Räderläufe zieht – –
Und müde uns in Finsternis verwirft,
Wenn unsrer Kräfte Maß erschöpft sich hat.

CAPESIUS:

Ich habe euch gekannt, als ihr mit hohem Mut
Euch kühn an Daseinsrätsel wagtet.
Erfahren hab' ich auch,
Wie ihr errungne Wissensschätze
Ins Bodenlose sinken saht,
Und tief erschüttert eure Seele
Den bittern Kelch enttäuschter Forscherträume
Doch lag mir stets die Meinung ferne, [trank.
Daß ihr aus eurem Herzen reißen könntet
Den Trieb, der euch so ganz erfüllte.

STRADER:

Gedenkt ihr noch des Tages,
Da eine Seherin durch ihrer Worte Wahrheit
Mir klar des eignen Weges Irrtum wies?
Nicht konnt' ich anders, als mir selbst gestehn,
Daß alles Denkens Werk
Des Lebens echte Quellen nirgends finden kann.
Es muß ja alles Denken irren,
Wenn sich der höchsten Weisheit Licht
Erschließen kann der Seelenkraft,
Die jene Frau ihr eigen nannte.
Gewiß doch strebt vergebens strenge Wissenschaft
Zu solcher Offenbarung.
Und wär' es noch geblieben
Bei dieser *einen* Niederlage meines Forscherwahns:
Ich glaube, daß vermocht ich hätte,

Von vorne wieder anzufangen
Und meine eignen Wege
Mit jenen andern Wegen zu verbinden.
Doch als ich sehen mußte,
Wie eine sonderbare Geistesart,
Die mir als Wahnwitz nur erscheint,
In Schaffenskraft die Ohnmacht wandelt: –
Da schwand mir alle Hoffnung.
– – – – – – – – – – –
Gedenkt des jungen Malers ihr,
Den wir zusammen trafen
Auf zweifelhaften Geisteswegen? – –
Nach solchen Schicksalsschlägen
Verlebt' ich viele Wochen
Mit dumpfem Sinn, dem Wahnsinn nah.
Und als Natur mich wieder zur Besinnung brachte,
Da stand es mir auch felsenfest,
Zu meiden alles weitre Suchen.
Um ganz gesund zu werden,
Bedurft' ich langer Zeit.
Ich habe sie recht freudelos verlebt.
Ich übte mich in solchen Dingen,
Die mich zur Lebenspraxis führten.
So steh' ich heute einer Werkstatt vor,
In der man Schrauben walzt.
Doch dank' ich dieser Arbeit,
Daß ich vergessen kann durch viele Stunden,
Wie qualvoll war mein wesenloses Ringen.

CAPESIUS:

Bekennen muß ich, daß ich kaum
Den frühern Freund kann wiederfinden
In dem, der sich mir heute zeigt. – –
Erlebt ihr außer jenen Stunden,

Von denen ihr mir spracht,
Nicht solche auch,
In welchen alte Stürme sich erneuern,
Die euch aus diesem dumpfen Leben drängen?

STRADER:

Es sind mir nicht erspart die Stunden,
In welchen Ohnmacht nur mit Ohnmacht
In meiner Seele kämpfen will.
Doch hat mein Schicksal nicht gewollt,
Daß neue Hoffnungsstrahlen
Für dieses ganz verlorne Leben
Ins Herz mir dringen können.
Entsagung will ich mir erringen.
Die Kraft, die jetzt sie fordert,
Sie möge mir Begabung bringen,
Den Forschungsweg in andrer Art zu wandeln,
– – – – – – – – – – –
Wenn dieser Erdenlauf sich wiederholen sollt'.

CAPESIUS:

Ihr spracht –, o hab' ich recht gehört,
Von Wiederholung eures Erdenlaufs.
So habt ihr doch gewonnen
Die schicksalsschwere Wahrheit
Auf jenen Geistesbahnen,
Die ihr auch heute noch
Als zweifelhaft nur gelten lassen wollt?

STRADER:

Ihr selbst habt so das Dritte aufgefunden,
Das mich bestärkt noch hat,
Ein neues Leben zu beginnen.
Auf meinem Krankenlager suchte ich

Zum letzten Male noch zu überblicken
Des Wissens Umkreis, den ich mir erworben hatte.
Ich tat's, bevor zu andrem Ziele ich mich wandte.
Und hundertmal wohl fragt' ich mich:
Was kann Naturerkenntnis lehren,
Wie wir sie jetzt schon überschauen können?
– – – Es gibt da kein Entweichen – – –:
Des Erdenlebens Wiederholung,
Sie kann und darf kein Denken leugnen,
Das nicht mit allem brechen will,
Was Forscherfleiß erkannt in langer Zeiten Lauf.

CAPESIUS:
Es wäre mir durch solch Erlebnis
Gar vieles Leid erspart geblieben.
Ersehnt hab' ich in mancher Nacht,
Die schlaflos ich vollbracht,
Daß mir Gedanken dieser Art
Erlösung bringen möchten.

STRADER:
Doch mir hat dieser Geistesblitz
Die letzten Kräfte noch geraubt.
Ich fühlte stets als meiner Seele stärksten Trieb,
Am Leben nachzuprüfen,
Was mir das Denken als die Wahrheit gibt.
Es wollt' ein Zufall nun in jenen schweren Tagen
Am eignen Dasein mir erweisen,
Wie grausam diese folgenschwere Wahrheit ist.
Sie läßt die Lebensfreuden und das Lebensleid
Als Folgen unsres eignen Wesens uns erscheinen.
Und dies ist oft recht schwer zu tragen.

CAPESIUS:
Unmöglich scheint mir dies Erlebnis. –

Was könnte eine Wahrheit überstrahlen,
Die wir doch unablässig suchen
Und die dem Geist Gewißheit gibt.

STRADER:
Es mag für euch so sein.
Doch ich muß anders fühlen.
Bekannt ist euch mein sonderbarer Lebensweg –,
Ein Zufall schien's zu sein,
Der meiner Eltern Absicht kreuzte. –
Sie hatten mich zum Mönche machen wollen.
Sie haben mir es oft gesagt,
Daß sie als ihres Lebens größten Schmerz
Des Sohnes Ketzerei betrachten müßten.
Ich nahm dies alles hin – –
Und vieles noch dazu,
Wie man das Leben eben nimmt,
Wenn man Geburt und Tod
Zu Grenzen macht der Erdenpilgerschaft.
Und auch mein spätres Leben
Mit allen zertretnen Hoffnungen,
Es stellte sich mir als Gebilde dar,
Das sich durch sich nur selbst erklären läßt.
O wäre nie der Tag gekommen,
Der mich zu andrer Meinung hat gebracht.
Denn wißt, ich habe euch nicht alles anvertraut,
Was mir das Schicksal auferlegt.
Ich bin nicht jener Leute Kind,
Die mich zum Mönche haben machen wollen.
Sie haben, als ich wenig Tage alt erst war,
An Kindes Statt mich angenommen.
Meine wahre Herkunft ist mir unbekannt.
So war ich Fremdling schon im Elternhaus.
Und fremd bin ich geblieben allem,

Was ich um mich erlebt in spätrer Zeit.
Und jetzt verpflichtet mich mein Denken,
Den Blick in alte Zeiten hinzuwenden,
In welchen ich mich selbst der Welt beraubt.
Es fügt sich ja Gedanke an Gedanke:
Wer so zum Weltenfremdling ist bestimmt,
Noch ehe sein Bewußtsein dämmert,
Der hat dies Schicksal schon gewollt,
Bevor er denkend wollen konnte.
Und da ich ferner so geblieben bin,
Wie ich im Anfang war,
So muß mir jeder Zweifel schwinden,
Daß ich in Dumpfheit Mächten unterliege,
Die mir die Schicksalsfäden spinnen
Und die sich mir nicht offenbaren wollen.
Was fehlt da noch, mir grausam zu beweisen,
Wie dicht die Schleier sind,
Die mir das eigne Sein verhüllen!
Und jetzt, o, urteilt ohne falsche Wissenssucht,
Ob meine neue Wahrheit mir das Licht gebracht?
Gewißheit hat sie mir jedoch gegeben,
Daß ich im Ungewissen bleiben muß.
Sie hat mir so mein Schicksal vorgestellt,
Daß ich ihm, halb von Schmerz erfüllt
Und halb wie seiner spottend,
Mit gleicher Münze zahlte.
Es kam ganz furchtbar über mich:
Mit bitterm Hohngefühl durchpeinigt,
Mußt' ich dem Leben mich entgegenstellen;
Und alles Schicksalsgaukelspiel verlachend,
Ergab ich mich der Finsternis.
Ich konnte nur noch eines denken:
Nimm ganz mich hin, du Lebensräderwerk;
Ich will nicht wissen, wie du's treibst.

CAPESIUS:

Der Mann, den ich erkannt in euch,
Er kann in solcher Wissensöde
Nicht lange bleiben, auch wenn er wollte.
Mir stehn die Tage schon vor Augen,
In denen wir uns anders finden werden.

(Vorhang fällt, während die beiden noch sich gegenüberstehen.)

FÜNFTES BILD

Eine Landschaft, in welcher sich das einsame Haus Baldes befindet. Abendstimmung. Frau Balde, Capesius, dann Felix Balde; später Johannes und dessen Doppelgänger, hernach Lucifer und Ahriman.

CAPESIUS (ankommend und sich einer Bank nähernd vor Baldes Haus, auf welcher Frau Balde sitzt):

Erlaubt ihr wohl, daß euer alter Freund
Ein wenig weilen darf bei euch?
Er braucht jetzt mehr als je vorher,
Was er so oft in eurem Hause fand.

FRAU BALDE:

Schon als ich euch von ferne kommen sah,
Erzählten eure müden Schritte mir
Und, da ihr näher tratet, euer Auge auch,
Daß Leid in eurer Seele heute wohnt.

CAPESIUS (der sich gesetzt hat):

Viel Heiterkeit in euer Heim zu bringen,
Es war auch sonst mir nicht gegeben;
Doch heute bitt' ich um besondre Nachsicht,
Wenn ich mit meinem friedelosen Herzen
Das Heim des Friedens überfalle.

FRAU BALDE:

Ihr waret damals schon so gerne hier gesehen,
Als kaum ein andrer Mensch
In dieses Hauses Nähe kam. –
Trotz manchem, was sich zwischen uns gestellt,
Seid ihr uns Freund geblieben,
Auch jetzt, da unsre weltenferne Stätte
Gar mancher gerne sucht.

CAPESIUS:

So ist denn wahr, was ich gehört,
Daß euer lieber Felix,
Der vordem so verschlossen war,
In diesen Tagen ist geworden
Ein vielgesuchter Mann?

FRAU BALDE:

Ach ja, der gute Felix
Verschloß uns einst vor aller Welt – –.
Und jetzt muß er so vielen Leuten Rede stehn.
Als seine Pflicht erscheint dies neue Leben ihm.
In frühern Tagen wollte er
Dem eignen Innern nur vertraun,
Was Wald und Fels ihm offenbarten
Von Geistestaten und Naturgewalten.
Auch schien es früher keinem Menschen wissens-
– – – – – – – – – – – [wert.
Wie hat die Zeit sich doch verändert!
Es hören jetzt recht viele Menschen
Gar gierig auf die Wissenschaft,
Die Felix ihnen offenbaren kann
Und die sie vorher doch nur töricht fanden.
Und wenn mein lieber guter Mann
(Felix Balde kommt aus dem Haus.)
Oft stundenlang erzählen muß,
Dann sehn' ich mich nach alten Zeiten,
In denen Felix mir so ernst bedeutet hat,
Wie nur im stillen Herzen tragen soll
Die Seele ihre Geistesgaben,
Die ihr aus Götterreichen
In Gnade sind verliehn –,
Und daß Verräter wird am hohen Geistesworte,

Wer solchem Ohr es offenbart,
Das nur der Sinnenwelt erschlossen ist.

FELIX BALDE:

Felicia kann nur recht schwer sich finden
In unser ganz verändert Leben;
Sie hat die alte Einsamkeit beklagt
Und klagt nicht minder jetzt,
Da wir so manchen Tag nur wenig Stunden
Noch für uns selber haben.

CAPESIUS:

Und was hat euch bewogen,
Das früher so verschloßne Haus
Den Menschen gastlich zu eröffnen?

FELIX BALDE:

Gehorsam folgte ich der Geistesführung,
Die mir im Herzen spricht,
Als sie zu schweigen mir gebot.
Und jetzt, da sie mich reden heißt,
Will ich ihr gleich ergeben sein.
Der Menschheit Wesen ändert sich
Im Werdegang des Erdenseins.
An einem Zeitenwendepunkte stehen wir.
Es muß ein Teil der Geist-Erkenntnis
Erschlossen werden allen Menschen,
Die ihr Gemüt ihr öffnen wollen. – –
Ich weiß, wie wenig meine Art entspricht
Den Formen, die man heute gelten läßt.
Um auszusprechen, was im Geiste lebt,
Verordnet man die strengste Logik und Gedankenfügung.
Sie werden meinen Reden abgesprochen.

Man sagt, daß wahrer Wissenschaft,
Die nur auf festen Stützen ruhen soll,
Mein Wesen bloß als Beispiel gelten kann,
Wie Menschenseelen träumen,
Wenn sie, der Wissenschaft und Bildung fremd,
Auf eignen Wegen Weisheit suchen;
Doch sei es wertvoll, meinen manche,
Wie durch die Wirrnis meiner Worte
Zuweilen etwas zu entdecken ist,
Das mit Vernunft sich fassen läßt.
Ich bin ein Mann, dem ohne Kunst
Ins Herz muß strömen,
Was sich ihm offenbaren mag.
Ich kenne nicht ein Wissen ohne Worte. –
Wenn ich in Herzenstiefen Einkehr halte
Und auch, wenn ich Natur belausche,
So lebt in mir das Wissen,
Das Worte nicht erst suchen muß – – –:
Die Sprache ist ihm so verbunden
Wie seine Leibesform dem Erdenmenschen. –
Ein Wissen, das in dieser Art
Aus Geisteswelten sich uns offenbart, [verstehn.
Ist nützlich auch den Menschen, die es nicht
Es soll deshalb ein jeder zu mir kommen dürfen,
Der hören will, was ich zu sagen habe.
Ich weiß recht gut, wie nur die Neugierd'
Und andre wenig gute Gründe viele leiten.
Auch wenn die Seelen solcher Menschen
In dieser Erdenzeit noch nicht ergriffen werden:
Es wird das Gute in sie eingepflanzt
Und wird in ihnen weiterwirken.

CAPESIUS:

Ich möchte offen mit euch sprechen. – – –

Seit vielen Jahren muß ich euch bewundern.
Doch war auch mir bis jetzt der Sinn verschlossen,
Der euren sonderbaren Worten eigen ist.

FELIX BALDE:

Er wird sich euch gewiß erschließen.
Ihr strebt mit gutem Geist und edlem Herzen;
Da müssen auch die Zeiten kommen,
Wo ihr der Wahrheit Stimme hört.
Ihr achtet nicht, wie inhaltreich
Der Mensch als Bild der Weltenreiche ist.
Sein Haupt, es ist des Himmels Spiegelbild;
Durch seine Glieder wirken Sphärengeister;
In seiner Brust bewegen Erdenwesen sich;
Und allen stehn entgegen, machtvoll ringend,
Dämonen aus dem Mondbereich,
Die jener Wesen Ziele kreuzen müssen.
Was als ein Menschenwesen vor uns steht,
Was als die Seele wir erleben,
Was als der Geist uns leuchtet:
Es schwebte vielen Göttern vor seit Ewigkeiten,
Und ihre Absicht war,
Aus allen Welten Kräfte zu verbinden,
Die im Verein den Menschen bilden.

CAPESIUS:

Fast ängstlich werde ich bei diesem Wort,
Das kühn als aller Götter Leistung
Des Menschen Wesenheit betrachten will.

FELIX BALDE:

Darum ist höchste Demut jenem nötig,
Der Geisteswissenschaft erlangen will.
Und wer in Hochmut und in Eitelkeit

Sich selbst erkennen will,
Dem öffnen sich die Wissenspforten nicht.
(Felix Balde geht ins Haus.)

CAPESIUS:
Wie schon so oft wird mir auch dieses Mal
Die liebe Frau Felicia wohl helfen,
Daß meine Seele sich zum Bilde wende
Und, an dem Bild erwarmend, eure Worte
In rechter Art zu fassen fähig wird.

FRAU BALDE:
Es hat der liebe Felix
Mir öfter schon die Worte wiederholt,
Die er soeben sprach.
Sie lösten aus dem Herzen mir
Ein Bild, von dem ich mir schon immer sagte,
Ich müßt' es euch erzählen.

CAPESIUS:
O tut es, liebe Frau – –,
Mich dürstet nach Erquickung
Aus eurem Bilderschatze.

FRAU BALDE:
Es sei – – – – –.
Es war einmal ein Knabe,
Der wuchs als armer Förstersleute einzig Kind
In Waldeseinsamkeit heran. –
Er lernte außer seinen Eltern
Nur wenig Menschen kennen.
Er war von schwachem Gliederbau:
Durchscheinend fast war seine Haut.
Man konnte lang ins Aug' ihm schaun;

Es barg die tiefsten Geisteswunder.
Und wenn auch wenig Menschen nur
Des Knaben Lebenskreis betraten,
Es fehlte ihm an Freunden nicht.
Wenn in den nahen Bergen
Erglühte golden Sonnenhelle,
Dann sog des Knaben sinnend Auge
Das Geistesgold in seine Seele ein:
Und seines Herzens Wesen,
Es ward so morgensonnengleich. –
Doch wenn durch finstre Wolken
Der Morgensonne Strahl nicht drang
Und düstre Stimmung alle Berge überzog,
Da ward des Knaben Auge trüb
Und wehmutvoll sein Herz – –.
So war er hingegeben ganz
Dem Geistesweben seiner engen Welt,
Die er nicht fremder fühlte seinem Wesen
Als seines Leibes Glieder.
Es waren ihm ja Freunde auch
Des Waldes Bäume und die Blumen;
Es sprachen Geisteswesen aus den Kronen,
Den Kelchen und den Wipfeln –,
Verstehen konnte er ihr Raunen – –.
Geheimer Welten Wunderdinge
Erschlossen sich dem Knaben,
Wenn seine Seele sich besprach
Mit dem, was leblos nur
Den meisten Menschen gilt.
Und sorgend oft vermißten abendlich
Die Eltern den geliebten Sprossen. –
An einem nahen Orte war er dann,
Wo aus den Felsen eine Quelle drang
Und tausendfach zerstäubend

Die Wassertropfen über Steine sprengte.
Wenn Mondeslichtes Silberglanz
In Farbenfunkelspielen zauberhaft
Sich spiegelt' in des Wassers Tropfenstrom,
Da konnt' der Knabe stundenlang
Am Felsenquell verharren.
Und Formen, geisterhaft gebildet,
Erstanden vor dem Knabenseherblick
Im Wassertreiben und im Mondenlichtgeflimmer.
Zu dreien Frauenbildern wurden sie,
Die ihm von jenen Dingen sprachen,
Nach denen seiner Seele Trieb gerichtet. –
Und als in einer milden Sommernacht
Der Knabe wieder an der Quelle saß,
Ergriff der Frauen eine viele tausend Stäubchen
Des bunten Wassertropfenwesens
Und reichte sie der zweiten Frau.
Die formte aus den Tropfenstäubchen
Ein silberglänzend Kelchgefäß
Und reichte es der dritten Frau.
Die füllte es mit Mondessilberlicht
Und gab es so dem Knaben.
Der hatte alles dies geschaut
Mit seinem Knabenseherblick. –
Ihm träumte in der Nacht,
Die dem Erlebnis folgte,
Wie er beraubt des Kelches
Durch einen wilden Drachen ward. –
Nach dieser Nacht erlebte jener Knabe
Nur dreimal noch das Quellenwunder.
Dann blieben ihm die Frauen fort,
Auch wenn der Knabe sinnend saß
Am Felsenquell im Mondensilberlicht. –
Und als dreihundertsechzig Wochen

Zum drittenmal verstrichen waren,
War längst der Knabe Mann geworden
Und von dem Elternhause und dem Waldesgrund
In eine fremde Stadt gezogen.
Da sann er eines Abends,
Von harter Arbeit müde,
Was ihm das Leben wohl noch bringen möge.
Es fühlte sich der Knabe plötzlich
Nach seinem Felsenquell entrückt;
Und wieder konnte er die Wasserfrauen schauen
Und dieses Mal sie sprechen hören.
Es sagte ihm die erste:
Gedenke meiner jeder Zeit,
Wenn einsam du dich fühlst im Leben.
Ich lock' des Menschen Seelenblick
In Ätherfernen und in Sternenweiten.
Und wer mich fühlen will,
Dem reiche ich den Lebenshoffnungstrank
Aus meinem Wunderbecher. –
Und auch die zweite sprach:
Vergiß mich nicht in Augenblicken,
Die deinem Lebensmute drohen.
Ich lenk' des Menschen Herzenstriebe
In Seelengründe und auf Geisteshöhn.
Und wer die Kräfte sucht bei mir,
Dem schmiede ich die Lebensglaubensstärke
Mit meinem Wunderhammer. –
Die dritte ließ sich so vernehmen:
Zu mir erheb' dein Geistesauge,
Wenn Lebensrätsel dich bestürmen.
Ich spinne die Gedankenfäden
In Lebenslabyrinthen und in Seelentiefen.
Und wer zu mir Vertrauen hegt,
Dem wirke ich die Lebensliebesstrahlen

Auf meinem Wunderwebestuhl. – – –
Es träumt' in jener Nacht,
Die dem Erlebnis folgte,
Dem Manne, daß ein wilder Drache
In Kreisen um ihn her sich schlich –
Und nicht ihm nahen konnte:
Es schützten ihn vor jenem Drachen
Die Wesen, die er einst am Felsenquell geschaut
Und die aus seiner Heimat
Mit ihm zum fremden Ort gezogen waren.
– – – – – – – – – – –

CAPESIUS:

Habt Dank, ihr liebe Frau,
Ich gehe reichbeschenkt von euch.
(Steht auf und geht. Frau Balde geht ins Haus.)

(Capesius allein in einiger Entfernung, das Folgende sprechend.)

CAPESIUS:

Ich fühle, wie gesundend solch ein Bild
In meiner Seele wirkt, und allem Denken
Verlorne Kräfte wiedergeben kann.
Es war so einfach, was die Frau erzählte,
Und doch erregt es mir Gedankenkräfte,
Die mich in unbekannte Welten tragen. – –
Ich will in dieser schönen Einsamkeit
Dem Träumen mich ergeben, das so oft
Gedanken meiner Seele schenken wollte,
Die wohl weit besser sich erwiesen haben
Als manche Früchte wochenlangen Grübelns.
– – – – – – – – – – –
(Er verschwindet hinter einem dichten Gesträuch.)

JOHANNES (erscheint in tiefes Nachdenken verloren in derselben Waldgegend):

War's Traum, war's Wirklichkeit – – –?
Ich kann es nicht ertragen, was die Freundin
In milder Ruhe, doch so ernst,
Von unsrer Trennung sprach.
O könnte ich nur denken, daß Vernunft,
Dem Geistestriebe widersetzlich,
Sich zwischen sie und mich
Als Trugbild stellen wollte. –
– – – – – – – – – – –
Ich kann nicht – ich will sie nicht befolgen,
Die Mahnung, die Maria fand,
Zu übertönen meiner Seele Stimme,
Die unaufhörlich spricht «Ich liebe sie», –
Und meine Liebe ist mir Quelle
Des Wirkens, das allein ich kennen will.
Was ist mir aller Schaffenstrieb,
Was Ausblick zu den hohen Geisteszielen,
Wenn sie das Licht mir rauben wollen,
Das mir das Sein beleuchten kann? –
In diesem Lichte muß ich leben dürfen;
Und wird es mir genommen,
So will ich nur den Tod für Ewigkeiten.
Ich fühle, wie die Kraft mir schwindet,
Wenn ich versuchen will zu denken:
Ich müßt' auf Wegen wandeln,
Die nicht von ihrem Licht beleuchtet sind.
– – – – – – – – – – –
Es webt sich mir vor Augen
Ein Nebel, der die Wunder,
Die herrlich diese Wälder, diese Felsen
Mir sonst vor Augen malten,
In Wirrnis mir verwandelt – – –

Ein wilder Traum entsteigt dem Abgrund – – –
O wie er schaurig mich durchrüttelt – –
– – – – – – – – – – –
O weiche von mir – –!
Ich lechze nach der Einsamkeit,
Die mir die eignen Träume lassen will;
In ihnen darf ich noch erstreben,
Was mir verloren scheint – –
– – – – – – – – – – –
– – Er will nicht weichen – –!
So will ich ihm entfliehen –
(Fühlt sich wie am Boden festgehalten.)
O welche Fesseln halten mich
An diesen Ort geschmiedet!
(Der Doppelgänger des Johannes Thomasius erscheint.)
Ach – – – – – –,
Wer du auch bist,
Ob menschlich Blut in deiner Form sich birgt,
Ob geistig nur dein Sein –
Verlasse mich – – –
– – – – – – – – – – –
Wer ist es – – –?
Ein Dämon stellt mich vor mich selber hin. – – –
Er will nicht weichen – – – – –;
Es ist das Bild des eignen Wesens –,
Es scheint selbst stärker noch
Als dieses Wesen selbst zu sein – – – – –

DER DOPPELGÄNGER:
Ich liebe dich, Maria ...
Mit pochendem Herzen,
Mit fieberndem Blute
Nur kann ich vor dir stehn. –
Und wenn dein Blick mich trifft,

Durchrieseln heiße Schauer mich;
Und wenn du deine liebe Hand
In meine Hand willst legen,
Erfüllt mich Seligkeit
In allen Gliedern – – – – – –

JOHANNES:
Du Spukgestalt, aus Nebeldunst gewoben,
Du wagst es, hier zu lästern
Des Herzens reinstes Fühlen – – –:
O welche Schuld hab' ich auf mich geladen,
Daß ich erblicken muß
Ein lüstern Zerrbild meiner Liebe,
Die mir so heilig ist – – – –

DER DOPPELGÄNGER:
Ich habe deinen Worten oft gelauscht –;
Ich schien in meine Seele sie zu saugen
Als Kunde aus dem Geisterland. –
Doch mehr als alle Offenbarung
Empfand ich liebend deine Nähe.
Und wenn du sprachst von Seelenwegen,
Erfüllte mich die Seligkeit,
Die stürmisch wogt im Blute – – –

DIE STIMME DES GEWISSENS:
So spricht verschwiegene,
Doch nicht vertriebene,
Vom Schein gemiedene
Im Blut gebliebene
Geheime Kraft
Der Leidenschaft.

DER DOPPELGÄNGER (mit etwas andrer Stimme):
Ich darf dich nicht verlassen;

Du wirst mich oft an deiner Seite finden;
Ich weiche nicht von dir,
Bis du die Kraft gefunden,
Die mich zum Gleichnis macht
Des Wesens, das du werden sollst.
Noch bist du's nicht in dieser Zeit.
Nur in dem Wahne deiner Eigenheit
Erblickst du es in dir.
– – – – – – – – – – –

(Es erscheinen Lucifer und Ahriman.)

LUCIFER:
O Mensch, besiege dich,
O Mensch, erlöse mich.
Du hast mich überwunden
In deinen Seelenhöhen;
Ich bleibe dir verbunden
In deinen Wesenstiefen.
Du wirst mich immer finden
Auf deinen Lebenswegen,
Willst du dich unterwinden,
Dich ganz vor mir zu schützen.
O Mensch, besiege dich,
O Mensch, erlöse mich.

AHRIMAN:
O Mensch, erkühne dich,
O Mensch, erlebe mich.
Du konntest dir erwerben
Das Geistersehen;
Ich mußte dir verderben
Das Herzensleben;
Du sollst noch oft erleiden
Die stärkste Seelenpein,

Willst du dich nicht bescheiden
An meine Kräfte halten.
O Mensch, erkühne dich,
O Mensch, erlebe mich.

(Lucifer und Ahriman verschwinden, desgleichen der Doppelgänger. – Johannes geht in tiefem Sinnen in das Dunkel des Waldes.)

(Capesius erscheint wieder. Er hat hinter dem Gesträuch die Szene zwischen Johannes und dem Doppelgänger wie in einer Vision mitgemacht.)

CAPESIUS:

Wie war mir eben? Wie ein schwerer Alp
Belastet's mich. Thomasius kam des Weges;
Er schien in tiefes Sinnen mir versunken.
Er blieb dann stehen, wie mit jemand sprechend,
Und doch war niemand außer ihm am Orte.
Ich fühlte, wie wenn schwere Angst mich drückte;
Ich sah nicht mehr, was dann um mich geschah.
Wie schlafend, unbewußt muß ich doch wohl
In jene Bilderwelt versunken sein,
Auf die ich mich ganz gut besinnen kann.
Es muß nur kurze Zeit gewesen sein,
Daß ich so träumend selbstverloren saß.
Und doch, wie reich war jene Traumeswelt,
Und wie befremdend scheint sie mir zu sein.
Ich konnte Menschen aus vergangnen Tagen
Ganz deutlich sehen und auch sprechen hören.
Von einem Geistesbunde träumte ich,
Der nach der Menschheit Höhen zielvoll strebte.
Mich selbst erkannt' ich klar in ihrer Mitte.
Und fühlen mußt' ich mich vertraut mit allem.
Ein Traum nur –, doch erschütternd war der [Traum.
Ich weiß, daß ich gewiß in diesem Leben

Dergleichen niemals kann erfahren haben.
Und was mir als Empfindung ist geblieben,
Erfüllt die Seele wie das volle Leben.
Mich zieht es urgewaltig nach den Bildern – –:
O, könnte ich den Traum doch wieder schauen.

(Vorhang, während Capesius stehenbleibt.)

Das Folgende stellt Bilder von Vorgängen aus dem ersten Drittel des vierzehnten Jahrhunderts dar. Der Fortgang wird zeigen, daß in ihnen die Rückschau von Capesius, Thomasius und Maria in ihr früheres Erdenleben zu sehen ist.

SECHSTES BILD

Eine Waldwiese. Im Hintergrunde hohe Felsen, auf denen eine Burg steht. Sommerabendstimmung. Bauern, der Jude Simon, der Bergwerksmeister Thomas; ein Mönch.

(Bauern über die Wiese gehend und, während sie stehenbleiben, sprechend.)

1. BAUER:

Seht dort den bösen Juden;
Er wird nicht wagen,
Denselben Weg zu gehn wie wir;
Er könnte Dinge hören,
Die lange seine Ohren jucken.

2. BAUER:

Wir müssen seiner Dreistigkeit
Einmal recht deutlich fühlen lassen,
Daß wir sie nicht mehr länger dulden
In unsrem biedern Heimatland,
In das er sich hereingeschlichen hat.

1. BÄUERIN:

Er steht im Schutz der hohen Herren,
Die oben in dem Schlosse wohnen;
Von uns darf niemand dort hinein,
Den Juden nimmt man gerne auf.
Er tut auch, was die Ritter wollen.

3. BAUER:
Es ist recht schwer, zu wissen,
Wer Gott und wer der Hölle dient.
Wir müssen unsern Rittern dankbar sein;
Sie geben uns das Brot und auch die Arbeit.
Was wären wir denn ohne sie?

2. BÄUERIN:
Ich muß den Juden loben.
Er hat von meiner schweren Krankheit
Durch seine Mittel mich befreit
Und war so lieb und gut dabei.
Das gleiche hat er vielen schon getan.

3. BÄUERIN:
Mir aber hat ein Mönch verraten,
Daß teuflisch ist, womit der Jude heilt.
Man muß vor seinem Gift sich hüten;
Es soll im Leibe sich verwandeln
Und allen Sünden Einlaß geben.

4. BAUER:
Die Menschen, die den Rittern dienen,
Bekämpfen unsre alten Sitten.
Sie sagen, daß der Jude vieles weiß,
Was Heil und Segen bringt
Und was man künftig erst noch schätzen wird.

5. BAUER:
Es kommen neue, beßre Zeiten;
Ich schau' sie schon voraus im Geiste,
Wenn mir die Seelenbilder zeigen,
Was Leibesaugen nicht erblicken können.
Die Ritter wollen uns das alles schaffen.

4. BÄUERIN:
Wir sind der Kirche Treue schuldig,
Die unsre Seele vor den Teufelsbildern,
Vor Tod und Höllenqualen rettet.
Die Mönche warnen vor den Rittern
Und vor dem Zauberer auch, dem Juden.

5. BÄUERIN:
Wir sollen nur noch kurze Zeit
Geduldig unser Joch ertragen,
Das uns die Ritter auferlegen.
Die Burg wird bald in Trümmern liegen;
Das hat ein Traumgesicht mir offenbart.

6. BÄUERIN:
Mich quält die Angst vor schwerer Sünde,
Wenn ich oft hören muß,
Die Ritter wollten uns verderben. –
Ich seh' nur Gutes stets von ihnen kommen;
Ich muß sie auch als Christen gelten lassen.

6. BAUER:
Wie künftig Menschen denken wollen,
Das soll man denen überlassen,
Die nach uns leben werden.
Den Rittern sind wir nur
Das Werkzeug für die Teufelskünste,
Mit denen sie bekämpfen,
Was wahrhaft christlich ist.
Wenn sie vertrieben werden,
Sind wir der Führung ledig
Und können dann nach eignem Sinn
In unsrer Heimat leben.
Wir wollen jetzt zur Abendandacht gehn;

Da finden wir, was unsre Seelen brauchen
Und was der Väter Sitten angemessen ist.
Die neuen Lehren taugen nicht für uns.
(Bauern gehen ab. Simon, der Jude, kommt aus dem Walde.)

SIMON:
So sind's nur stets der alte Haß und Spott,
Die ich von allen Seiten hören muß.
Und doch erfüllt mich immer wieder Schmerz,
Wenn ich mich ihnen bloßgestellt muß sehn.
Es scheint kein Grund vorhanden für die Art,
Wie ich behandelt werde von den Leuten.
Und doch verfolgt mich Ein Gedanke oft,
Der mir die Wahrheit vor die Seele rückt,
Daß Sinn in allem liegt, was wir erleben.
So muß gewiß auch dies begründet sein,
Daß Menschen meines Stammes leiden müssen.
Und blick' ich auf die Herren jener Burg,
So find' ich ihr Geschick dem meinen ähnlich.
Sie haben sich nur zielvoll selbst gewählt,
Wozu Naturgewalten mich verhalten.
Sie sondern sich von allen Menschen ab,
Um einsam strebend Kräfte auszubilden,
Durch die sie ihre Ziele finden können.
Ich fühle so, was ich dem Schicksal schulde,
Das mich mit Einsamkeit gesegnet hat.
Nur auf die eigne Seele hingewiesen,
Ergab ich mich dem Reich der Wissenschaft.
Erkennen konnte ich aus ihren Lehren,
Daß unsre Zeit sich neuen Zielen neigt.
Es müssen sich dem Menschen offenbaren
Naturgesetze, die bisher ihm fremd;
Er wird sich so die Sinnenwelt erobern
Und aus ihr Kräfte sich entfalten lassen,

Die er in seine Dienste stellen wird.
Ich habe nun getan, was ich vermocht,
In solcher Art die Heilkunst fortzubilden.
Dies Streben machte mich dem Bunde wert.
Die Brüder ließen mich auf ihren Gütern
Die Kräfte, welche in den Pflanzen ruhn
Und die im Erdengrunde aufzufinden,
Zu neuen Heilverfahren untersuchen.
So handle ich nach ihrem Sinn und Ziel
Und darf bekennen, daß ich manche Frucht
Auf meinem Wege freudig pflücken konnte.
(Geht weiter in den Wald hinein.)

(Der Bergwerksmeister Thomas kommt aus dem Walde. Ihm begegnet der Mönch.)

THOMAS:

Ich will mich hier ein wenig niederlassen.
Es braucht die Seele Ruhe, sich zu finden
Nach solchen Stürmen, wie sie mich getroffen.

(Der Mönch kommt hinzu.)

MÖNCH:

Ich grüße dich recht herzlich, wackrer Sohn.
Du hast die Einsamkeit hier aufgesucht;
Nach vieler Arbeit willst du stillen Frieden,
Zu lenken deinen Sinn nach Geisteswelten.
So seh' ich meinen lieben Schüler gerne.
Es blickt dein Auge aber wehmutvoll?
Es scheint, daß Sorgen deine Seele quälen.

THOMAS:

Der Schmerz ist nahe oft dem höchsten Glücke;
Das zeigt mein Leben mir in diesen Tagen.

MÖNCH:
So hast du Glück und Schmerz zugleich erfahren?

THOMAS:
Mein hoher Herr, ich hab' euch anvertraut,
Daß ich des Bergaufsehers Tochter liebe,
Und daß auch sie mir herzlich zugetan.
Sie wird als Weib mit mir das Leben teilen.

MÖNCH:
Sie wird dir treu im Glück und Leide folgen;
Sie ist der Kirche fromm ergebne Tochter.

THOMAS:
Nur solch ein Weib kann mir zur Seite stehn;
Da ich von euch, mein vielgeliebter Führer,
Die wahre Gottergebenheit gelernt.

MÖNCH:
Und bist du auch der eignen Seele sicher,
Daß sie den Weg auch ferner wandeln wird,
Den ich ihr als den rechten zeigen durfte?

THOMAS:
So wahr mein Herz in meinem Leibe schlägt,
So wahr soll euer Sohn für alle Zeiten
Den hohen Lehren treu ergeben sein,
Die er aus eurem Munde hören durfte.

MÖNCH:
Und habt ihr mir von eurem Glück gesprochen,
So laßt mich euer Leid nun auch erfahren.

THOMAS:
Ich hab' euch oft erzählt, wie ich gelebt. –

Als ich der Kindheit kaum entwachsen war,
Begann ich in der Welt umherzureisen.
Ich habe oft den Arbeitsort verändert.
Es lebte mir im Herzen stets der Wunsch,
Dem Vater zu begegnen, den ich liebte,
Obgleich ich Gutes nicht von ihm erfahren.
Verlassen hat er meine gute Mutter,
Weil er, von Weib und Kindern ungehindert,
Ein neues Leben sich gewinnen wollte.
Der Trieb nach Abenteuern lag in ihm.
Ich war ein Kind noch, als er von uns ging;
Und meine Schwester eben erst geboren.
Die Mutter starb aus Gram nach kurzer Zeit.
Die Schwester kam in guter Leute Pflege,
Die später meinen Heimatsort verlassen haben.
Ich konnte nichts mehr von dem Mädchen hören.
Ich lernte, von Verwandten unterstützt,
Das Bergfach, und ich kam so weit darin,
Daß ich stets Arbeit fand, wo ich sie suchte.
Mir hat die Hoffnung niemals schwinden können,
Daß ich den Vater wiederfinden müßte.
Und jetzt, da meine Hoffnung sich erfüllt,
Ist sie zugleich für immer mir genommen. –
Ich hatte gestern wegen Dienstessachen
Bei meinem Vorgesetzten mich zu melden.
Ihr wißt, wie wenig ich den Ritter liebe,
Der meiner Arbeit Oberleiter ist,
Seit mir bekannt, daß ihr sein Gegner seid.
Seit dieser Zeit hab' ich mir vorgenommen,
Im Dienste dieses Schlosses nicht zu bleiben.
Der Ritter brachte unsre Unterredung
Aus Gründen, die mir unbekannt geblieben,
Zu solcher Wendung, die ihm möglich machte,
Sich als – mein Vater mir zu offenbaren …

Was folgte ... o ich möchte es verschweigen ...
Ich hätte alles Leid vergessen können,
Das er der Mutter und mir selbst bereitet,
Als ich dem Vater gegenüberstand,
Der schmerzgebeugt von alten Zeiten sprach.
Doch *euer* Gegner stand in ihm vor mir.
Ich konnte nur das eine klar mir machen,
Welch tiefe Kluft mich trennen muß für immer
Von ihm, den ich so gerne lieben würde,
Den ich so lange sehnsuchtsvoll gesucht. –
Ich habe ihn zum zweitenmal verloren.
So fühle ich, was ich erleben mußte.

MÖNCH:

Ich werde niemals dich entfremden wollen
Den Banden, die das Blut dir auferlegt.
Doch was ich deiner Seele geben kann,
Soll dir in Liebe stets beschieden sein.

(Vorhang, während beide abgehen.)

SIEBENTES BILD

Ein Zimmer jener Burg, die im vorigen Bild von außen zu sehen. Alles geschmückt mit Symbolen einer mystischen Brüderschaft. Die geistigen Ritter während einer Versammlung; dann der Mönch mit einem der Ritter; später die Erscheinung des Geistes Benedictus', der etwa fünfzig Jahre vorher verstorben. Lucifer und Ahriman. Der Großmeister mit vier Brüdern an einem langen Versammlungstisch.

GROSSMEISTER:

Die ihr Gefährten mir geworden
Im Suchen nach der Menschheit Zukunftzielen,
Die aus dem Geistgebiet zu tragen
Ins Reich des Erdenwirkens
Als Bundessatzung uns gegeben:
Ihr sollt mir treu zur Seit' auch stehn
In dieser Zeit der schweren Sorgen.
Seit unser teures Haupt gefallen
Als Opfer jener dunklen Mächte,
Die aus dem Bösen ihre Kräfte holen,
Um durch des Widerstandes Kraft
In ihrer Art der Weisheit Plan zu dienen,
Die Gutes auch aus Bösem wirkt –
Seit dieser Zeit ist hoffnungslos all unser Erden-
Schon haben unsre Feinde überwältigt [streben.
Gar manche unsrer Bundesburgen, – –
Und viele unsrer teuren Brüder
Sind kämpfend ihm gefolgt, dem großen Meister,
Ins lichte Reich der Ewigkeiten.
Auch uns muß bald die Stunde schlagen,
In der auch diese Mauern fallen,
Die schützend uns umgeben.
Schon spähen unsre Feinde allerorten,

Wie sie der Güter uns berauben können,
Die wir zum eignen Nutzen nicht erworben,
Die nur als Mittel wir gebrauchten,
Um uns zu scharen solche Menschen,
In deren Seelen wir
Die Keime für die Zukunft pflanzen können.
Sie sollen reifen dann, wenn jene Menschen
Die Rückkehr finden aus dem Geisterland
Zu einem spätern Erdenleben.

1. ZEREMONIENMEISTER:
Daß unser Bund sich beugen muß
Dem dunklen Sinn des Schicksalsplanes:
Begreiflich muß es scheinen.
Doch daß im Fallen die Gemeinschaft mit sich reißt
So vieler Brüder Einzelleben:
Ein Unrecht scheint es vor dem Weltgesetz.
Nicht klagen soll mein Mund;
Denn willig starben unsre Brüder. –
Doch sucht Verständnis meine Seele
Des Opfers, das vom Menschen wird gefordert,
Der an ein Ganzes sich gebunden hat,
Wenn Schicksalsmächte diesem Ganzen
Den Untergang bereiten müssen.

GROSSMEISTER:
Es ist des Menschen Sonderleben
Gar weise mit dem Weltenplan verknüpft.
In unsrer Brüder Reihen
Ist mancher wohl, der fähig sich erweist,
Mit seinen Geisteskräften unserm Bund zu dienen,
Und der doch Flecken hat in seinem Dasein.
Es müssen seines Herzens irre Wege
Die Sühne finden durch die Leiden,

Die er im Dienst des Ganzen tragen muß.
Und wer nicht schuldig durch die eignen Taten
Die Dornenwege wandeln muß,
Die aus dem Bundeskarma stammen,
Dem wird der Schmerz die Kraft verleihn,
Zum höhern Leben aufzusteigen.

1. ZEREMONIENMEISTER:
So darf der Bund auch Menschen
In seiner Mitte dulden,
Die nicht mit reinster Seele nur
Sich weihen können seinen hohen Zielen?

GROSSMEISTER:
Es wägt allein das Gute in den Seelen,
Wer hohem Werke sich gewidmet,
Und läßt das Schlimme seine Sühne finden
Im Lauf der Weltgerechtigkeit.
Ich habe euch, ihr Brüder, jetzt zu mir gerufen,
Um euch in unsern Trauertagen
Mit ernstem Worte zu erinnern:
Daß freudig uns geziemt zu sterben –
Für unsre Ziele, denen lebend uns zu weihn
Wir treu gelobet haben.
Ihr seid im rechten Sinne meine Brüder,
Wenn mutig widerklingt in euren Seelen
Des Bruderbundes Weihespruch:
«Es muß sein Sondersein und Leben opfern,
Wer Geistesziele schauen will
Durch Sinnesoffenbarung;
Wer sich erkühnen will,
In seinen Eigenwillen
Den Geisteswillen zu ergießen.»

I. PRÄZEPTOR:

Erhabner Meister, wenn du prüfen wolltest
Die Herzen aller unsrer Brüder:
Erklingen müßte dir der hellste Widerhall
Der Worte unsres Weihespruches.
Doch möchten wir aus deinem Munde hören,
Wie wir zu deuten haben,
Daß unsre Feinde mit unsern Gütern, unserm Leben
Uns rauben auch die Seelen,
Die wir in Liebe pflegten.
Schon zeigt es sich mit jedem Tage klarer,
Wie unsre Leute nicht allein
Den Siegern sich durch Zwang ergeben;
Wie sie auch hassen lernen
Den Geistesweg, den wir gewiesen.

GROSSMEISTER:

Was wir gepflanzt in Seelen haben,
Es mag für diese Zeiten sterben;
Doch werden wiederkehren solche Menschen,
Die unsres Geistes Licht geatmet,
Und unsre Werke dann der Welt verleihn.
So spricht zu meinem Geiste oft
Der große Führer aus dem Totenreich,
Wenn ich in meinen stillen Stunden
In meine Seelengründe tauche
Und Kräfte mir erwachen,
Zu weilen in dem Geisterlande.
Ich fühle dann des Meisters Gegenwart
Und höre seine Worte,
Wie ich im Sinnesleben
Sie oftmals hören durfte.
Er spricht von unsres Werkes Ende nicht;
Nur von Erfüllung unsrer Ziele

In spätren Erdentagen.
(Es gehen der Großmeister und zwei Brüder ab, während zwei zurückbleiben.)

1. PRÄZEPTOR:
Er spricht von Geisteswelten in der gleichen Art
Wie andre Menschen über Dörfer oder Städte – –
Bedrückend find' ich diese Art,
Wie unsre höchstgeweihten Brüder
Von andern Daseinsreichen sprechen.
Und doch bin ich ganz streng verbunden
Mit allen unsern Erdenzielen.

2. ZEREMONIENMEISTER:
Ich halte mich an unsrer Meister Worte:
Wer nicht mit vollem Glauben
Die Kunde kann vernehmen
Von Geist und Geisteswelten, –
Ihm fehlt es nicht an Fähigkeit,
Zu fassen solche Offenbarung.
Es fehlt ganz andres ihm.
Daß er nicht wert sich fühlen darf
Der höhern Welten Glied zu sein,
Er ahnt es wohl, doch möcht' er sich's verbergen.
Die Seele muß geheime Flecken haben
Und sich darüber täuschen wollen,
Wenn sie sich nicht dem Geisteswissen beugen will.
(Die beiden gehen ab.)

(Der Mönch erscheint in demselben Zimmer; zu ihm tritt der zweite Präzeptor.)

2. PRÄZEPTOR:
Was führt euch her in dieses Haus,
Das euch als Feindesstätte gilt?

MÖNCH:

Ich muß zu meinen Freunden zählen,
Was Menschenantlitz trägt;
So will es unsre strenge Regel.
Doch feindlich könnt' euch wohl erscheinen,
Was pflichtgetreu zu fordern mir obliegt.
In meiner Obern Auftrag bin ich hier.
Sie wollen auf dem Friedenswege
Der Kirche Gut zurückerstattet haben,
Das ihr durch alter Briefe Inhalt zugehört.
Das Grundstück, das ihr zum Bergwerk umgestaltet,
Ist unsrer Kirche rechtlich Eigentum.
Es kann die Art als Recht nicht gelten,
Wie ihr das Gut erworben habt.

2. PRÄZEPTOR:

Ob wir durch Recht es unser nennen oder nicht,
Darüber könnten Richter lange streiten.
Doch sicher ist es unser Eigentum
Im Sinne eines höhern Rechtes.
Das Grundstück war ein ungenützter Boden,
Als unser Bund es angekauft.
Es war euch gänzlich unbekannt,
Daß dieses Bodens Tiefen reiche Schätze bergen.
Wir haben sie dem Menschenfleiß erobert.
Es wandern heute diese Schätze
In fernste Länder, Menschenwohl zu fördern.
Und viele wackre Leute schaffen
In jenes Bodens Schachten,
Den ihr als Wüstenei besessen habt.

MÖNCH:

So haltet ihr es nicht für recht,
In eurem Bunde durchzusetzen,

Daß er im Frieden sich mit uns verständigt,
Wie wir zu unserm Rechte kommen sollen?

2. PRÄZEPTOR:
Da wir uns keiner Schuld bewußt,
Vielmehr des vollen Rechtes sicher sind,
So können wir in Ruhe warten,
Ob auch in dieser Sache euch belieben wird,
Das Unrecht doch auf eure Seite hinzuwenden.

MÖNCH:
Ihr habt es eurem starren Willen zuzuschreiben,
Wenn wir zu andern Mitteln so gezwungen sind.

2. PRÄZEPTOR:
Die Ehre unsres Bundes heischt,
Daß er nur kämpfend
Sich seines Rechts berauben läßt.

MÖNCH:
So ist mein Auftrag denn erfüllt;
Ich kann nun euch und mir die weitern Worte
Ist's möglich wohl, zu sprechen [sparen.
Das Haupt, das hier gebietet?

2. PRÄZEPTOR:
Der Meister wird euch wohl zu Diensten stehn;
Doch bitt' ich euch, verweilet kurze Zeit,
Er wird sogleich nicht kommen können.
(Er geht ab.)

MÖNCH:
O daß mein Amt mich zwingt,
Die Räume des verhaßten Bundes zu betreten.

Es trifft mein Blick nach allen Seiten
Auf Teufelszeichen und auf Sündenbilder.
Ein Grauen will mich fast ergreifen ...
Es knistert – oh, es poltert durch den Raum;
Ich fühle wie von bösen Mächten mich umgeben.
– – – – – – – – – – –
Da ich bewußt mir keiner Sünde bin,
Will ich den Widersachern trotzen –
– – – – – – – – – – –
Es wird ganz furchtbar ....
Oh – – – – – –
(Es erscheint der Geist des Benedictus.)
Ihr guten Geister, steht mir bei!

BENEDICTUS:
Besinne dich, mein Sohn!
Ich durfte oft mich zu dir wenden,
Wenn deines Betens Inbrunst
Dich in die Geisteswelt entrückte.
So höre mutvoll auch in dieser Stunde,
Was du erkennen mußt,
Wenn Geisteshelle statt der Finsternis
In deiner Seele walten soll.

MÖNCH:
Wenn ich um Klarheit flehte
In solch bedeutungsvollen Dingen,
Und mein ergebnes Beten
Erhörung fand im Geistesland,
Erschienst du mir, mein großer Meister,
Der unsres Ordens Zierde war,
Als er im Erdenleibe lebte.
Du sprachst zu mir aus höhern Reichen,
Erleuchtend mir den Sinn

Und stärkend mir die Kraft.
Es schaute dich mein Seelenblick,
Es hörte dich mein Geistgehör.
Ergeben will ich auch in dieser Stunde
Der Offenbarung lauschen,
Die du in meine Seele fließen läßt.

BENEDICTUS:
Du bist im Hause eines Bruderbundes,
Den deine Seele böser Ketzerei beschuldigt.
Er scheint zu hassen, was wir lieben;
Und zu verehren, was uns Sünde dünkt.
Es halten unsre Brüder sich verpflichtet,
Den Untergang der Geistessünde zu befördern.
Sie können sich dabei auf jene Worte stützen,
Die ich im Erdensein gesprochen.
Sie ahnen nicht, daß diese Worte
Sich lebend nur erzeugen können,
Wenn sie im rechten Sinne fortgebildet werden
Von jenen, welche meiner Arbeit Folger sind.
So lasse du in deiner Seele
Im Sinne einer neuen Zeit erstehen,
Was ich auf Erden habe denken dürfen.
Den Orden, welcher aus der Mystik Reich
Sich seine Ziele weisen läßt,
Erblicke ihn in jenem Lichte,
In dem ich selbst ihn heute sehen würde,
Wenn mir beschieden wäre,
Im Erdenleibe wirksam unter euch zu wandeln.
Der Bund ist hohen Zielen zugewandt.
Die Menschen, die sich ihm gewidmet,
Empfinden ahnend spätre Erdenzeiten;
Und ihre Führer schauen schon im Vorgesicht
Die Früchte, die in Zukunft reifen sollen.

Es werden Wissenschaft und Lebensführung
Die Formen und die Ziele wandeln.
Und was der Bund, den du verfolgen hilfst,
In dieser Zeit zu leisten sich getrieben fühlt,
Sind Taten, welche dieser Wandlung dienen.
Nur wenn zum Friedenswerk sich einen will
Das Ziel, dem unsre Brüder dienen,
Mit jenem, dem die Ketzer folgen,
Kann Heil dem Erdenwerden blühn.

MÖNCH:

Die Mahnung, der ich würdig bin befunden,
Wie kann ich ihr nur folgen – – –?
Sie weicht gewaltig ab von allem,
Was mir bisher als richtig wollte scheinen.
(Es erscheinen Ahriman und Lucifer.)
Doch nahen mir noch andre Wesen!
Was wollen sie an deiner Seite?

AHRIMAN:

Die weitre Weisung kommt von andern Orten.
Es kann dir leicht nicht scheinen,
Des Vorfahrs Winken zu gehorchen.
Bedenk', daß er im Reich der Seligkeiten lebt.
Was dort Gebot und Pflicht ersehnt,
Es kann in eurer Gegenwart
Auf Erden nur Verwirrung stiften.
Erheb den Blick zu seinen Höhen,
Wenn du Erbauung suchen willst
Im Glück, das fernsten Erdentagen
Von Weltengeistern wird beschieden sein.
Doch willst du jetzt schon richtig wirken,
So laß von dem allein dich führen,
Was dir Vernunft und Sinne lehren.
Es ist dir gut gelungen,

Die Sünden jener Bundesbrüder zu ergründen,
Die sie vor aller Welt verbergen müssen.
Sie zeigen dir, wie ihre Zukunftssatzung
Gar wohl in Sünderseelen leben kann.
Wie könntest du bei solcher Wissenschaft
In Frieden mit dem Bunde leben wollen!
Der Irrtum ist ein schlechter Boden;
Er läßt nicht gute Früchte reifen.

LUCIFER:

Es hat dein frommer Sinn
Die rechten Wege dir gewiesen.
Wohl wandeln sich die Zeitenziele;
Doch dürfen Ketzer nicht
Der Menschen Pfade vorbestimmen.
An diesem Geistesbunde ist gefährlich,
Daß er in Worten Wahrheit spricht
Und doch der Wahrheit jene Wendung gibt,
Durch die sie an Gefährlichkeit
Den Irrtum übertreffen muß.
Wer offen wollt' der Lüge dienen,
Der müßte sinnbetört wohl sein,
Wenn er im Glauben leben könnte,
Die Menschen folgten seiner Führung.
Die Geistesritter sind so unklug nicht; –
Sie sprechen wohl von Christi Wesenheit,
Weil dieser Name alle Tore öffnet,
Die zu den Menschenseelen führen.
Man kann für Christi Gegenbild
Am besten Menschenherzen fangen,
Wenn Christi Namen man dem Bilde gibt.

MÖNCH:

Verwirrend klingen mir aus Seelenwelten

Die Stimmen, die ich oft gehört
Und die doch stets bekämpfen wollten,
Was frommer Sinn befiehlt.
Wie soll ich denn die guten Wege finden,
Wenn böse Mächte sie mir loben.
Bedünken will es mich doch fast – – –;
Doch nein, das Wort, es bleibe ungedacht –.
Mein weiser Führer wird mich leiten,
Daß seiner Worte Sinn sich mir enthüllen kann,
Der mir so dunkel scheint.

BENEDICTUS:
Ich kann den rechten Weg dir weisen,
Wenn du in tiefster Seele dich durchdringst
Mit Worten, die ich einst auf Erden sprach.
Und willst du dieser Worte Leben
In jenen Welten dann erstreben,
In welchen du mich jetzt erschauen kannst,
Wird dir der rechte Weg gewiesen sein.

(Vorhang fällt, während noch der Mönch, der Geist des Benedictus, Lucifer und Ahriman im Saale sind.)

ACHTES BILD

Derselbe Saal wie im vorigen Bilde. Der erste Präzeptor, Joseph Kühne, dann der Großmeister mit Simon, später der erste und der zweite Zeremonienmeister. Joseph Kühne ist zuerst da; der Präzeptor tritt zu ihm.

I. PRÄZEPTOR:

Ihr wünschtet mich zu sprechen.
Was habt ihr mir zu sagen?

JOSEPH KÜHNE:

Bedeutsam ist für euch und mich,
Was mich hieher getrieben hat.
Ihr kennt den Bergwerkmeister Thomas?
Er steht bei euch in Diensten.

I. PRÄZEPTOR:

Wohl kenne ich den wackern Mann,
Wir schätzen seine kluge Leistung;
Und alle Menschen lieben ihn,
Die seiner Führung unterstellt.

JOSEPH KÜHNE:

Und wohl auch Cilli, meine Tochter, kennt ihr?

I. PRÄZEPTOR (bewegt):

Ich habe sie gesehn,
Wenn ich mit euren Leuten euch begegnet.

JOSEPH KÜHNE:

Es traf sich, daß wir Thomas
Recht oft in unserm Hause sahn,
Schon bald, nachdem er zugereist.

Er kam dann immer öfter.
Wir sahen, daß er bald zu unsrer Cilli
Die tiefste Neigung faßte.
Das war uns nicht gerade sonderbar.
Doch wollten wir bei Cillis Wesen
An Gegenliebe lange Zeit nicht denken.
Sie lebte stets nur im Gebet
Und floh fast aller Menschen Umgang.
Doch zeigt es sich stets klarer,
Daß sie aus vollem Herzen
Dem fremden Mann ergeben ist.
Und wie die Dinge stehn,
Sind wir gezwungen, unsres Kindes Wunsch
Uns nicht zu widersetzen,
Das Thomas in die Ehe folgen will.

1. PRÄZEPTOR (mit unsichern Gebärden):
Warum ist diese Ehe wider euren Willen?

JOSEPH KÜHNE:
Mein hoher Herr, ihr wißt,
Wie treu ergeben ich dem Geist des Bundes bin.
Nur schweren Herzens konnte ich ertragen,
Daß meine Tochter ihre ganze Liebe
Nach jener Seite hat gewandt,
Die euch und mich der Ketzerei beschuldigt.
Der Mönch, der unsres Nachbarklosters Haupt
Und der des Bundes Ziele stets bekämpft, [jetzt ist
Er hat die Seele unsrer Tochter ganz erobert.
So lange sie in meinem Hause ist,
Wird mir die Hoffnung niemals schwinden,
Daß sie den Weg zurück muß finden
Aus Geistesfinsternis zum Licht.
Doch muß ich sie verloren geben,

Ist sie des Mannes Frau geworden,
Der gleich ihr selbst das Menschenheil
Im Sinne jenes Mönches sucht.
Es ist dem Pater ganz gelungen,
Die Meinung, die er selber hat,
Dem Thomas auch als Glauben aufzudrängen.
Nur schaudernd konnt' ich immer hören
Die Flüche, die aus Thomas' Munde flossen,
Wenn auf den Bund die Rede kam.

1. PRÄZEPTOR:
Wir haben viele Feinde,
Und wenig kann es nur bedeuten,
Daß ihre Zahl um einen sich vermehrt.
Mir leuchtet nicht aus euren Worten ein,
Was ich mit diesem Ehebund zu tun kann haben.

JOSEPH KÜHNE:
Mein hoher Herr, ihr seht dies Bündel – –,
Sein Inhalt birgt mir sichre Zeugnisse.
Nur ich und meine Frau, wir lasen ihn bisher,
Sonst war er hierzulande allen unbekannt.
Er muß in diesem Augenblicke
Auch euch vertraut nun werden.
Das Mädchen, das als unsre Tochter gilt,
Ist mein und meines Weibes Sprosse nicht.
Wir haben dieses Kind in Pflege übernommen,
Als seine Mutter ihm gestorben war.
Ich glaube, daß, was ihr noch weiter hören sollt,
Es nötig nicht erscheinen lassen wird,
Zu sagen, wie dies alles so gekommen ist.
Wir kannten unsres Pfleglings Vater lange nicht.
Und Cilli kennt noch heute ihren Ursprung nicht.
Sie sieht in uns die wahren Eltern.

Es hätte immer so auch bleiben können;
Denn lieb ist uns das Kind wie unser eignes.
Es wurden viele Jahre nach der Mutter Tod
Uns diese Schriften zugebracht, die Klarheit geben,
Wer unsres Pflegekindes Vater ist.
(Der Präzeptor wird vollends unsicher.)
Ich weiß nicht, ob er euch bekannt;
Doch mir ist nun gewiß –,
– – – – Daß ihr es selber seid.
Ich brauche euch wohl mehr zu sagen nicht.
Doch da es sich um euer Blut hier handelt,
So bitt' ich euch um euren Beistand.
Vielleicht gelingt es uns zusammen,
Das Mädchen vor der Finsternis zu retten.

1.PRÄZEPTOR:
Mein lieber Kühne, ihr erwieset euch stets treu.
Ich möcht' auf euch auch weiter zählen können.
Es wird doch in und außer diesen Mauern
In dieser Gegend niemand hören,
Wie ich zu diesem Mädchen stehe?

JOSEPH KÜHNE:
Dafür verbürg' ich euch mein Wort.
Ich werde euch nicht schaden.
Ich bitte nur um eure Hilfe.

1.PRÄZEPTOR:
Begreift, daß ich euch dieses Mal
Nicht länger Rede stehen kann.
Ich bitte euch, mich morgen anzuhören.

JOSEPH KÜHNE:
Ich werde kommen – – – –.
(Kühne geht ab.)

1. PRÄZEPTOR (allein):

Wie grausam sich mein Schicksal doch erfüllt!
Im Elend ließ ich Weib und Kind,
Weil ich als Fesseln sie empfand.
Die Wege, welche mir die Eitelkeit gezeigt,
Sie führten mich in diesen Geistesbund.
Ich habe mit den Worten, die erhaben klingen,
Dem Werk der Menschenliebe mich verpflichtet.
Ich konnte dies, mit jener Schuld beladen,
Die aus der Liebe Gegenteil entsprungen.
Des Bundes weise Menschenführung,
Sie hat an mir sich klar gezeigt.
Er hat in seine Mitte mich genommen
Und seine strengen Regeln mir gegeben.
Ich sah zur Selbsterkenntnis mich gezwungen,
Die wohl auf andern Lebenspfaden
Mir ferne hätte bleiben müssen.
Als dann durch Schicksalsfügung
Der Sohn in meine Nähe kam,
Vermeinte ich, daß hohe Mächte mitleidvoll
Den Weg zur Sühne mich erkennen ließen.
Ich wußte längst, daß Kühnes Pflegekind
Die Tochter ist, die ich verlassen habe.
– – – – – – – – – –
Dem Bunde steht der Untergang bevor;
Die Brüder werden sich dem Tode weihn,
Bewußt sich, daß die Ziele leben werden,
Für welche sie das Leben opfern.
Ich fühle nun seit lange schon,
Daß ich nicht würdig eines solchen Todes bin.
So reifte mir der Vorsatz immer mehr,
Dem Meister meine Lage zu enthüllen,
Ihn bittend, mir den Austritt zu gewähren.
Ich wollte dann mich meinen Kindern widmen,

Um so in diesem Erdenleben noch
Zu bringen jene Sühne, die mir möglich ist.
Ich seh' es klar, den Sohn hat nicht
Die Sehnsucht nach dem Vater hergeführt;
Das hat sein gutes Herz geglaubt.
Ihn führten seines Blutes Kräfte,
Die mit der Schwester ihn verbinden.
Gelockert durch des Vaters Unrecht
Erwiesen sich die andren Blutesbande.
Sonst hätte jener Mönch es nicht vermocht,
Ihn mir so ganz zu rauben.
Es ist der Raub so gut gelungen,
Daß mit dem Bruder nun die Schwester auch
Dem Vater sich entfremden wird.
So bleibt mir weiter nichts zu tun,
Als jetzt zu sorgen, daß die Kinder
Den wahren Sachverhalt erfahren,
Und dann die Sühne in Ergebenheit
Von jenen Mächten zu erwarten,
Die unsres Lebens Schuldbuch führen. –
(Präzeptor geht ab.)

(Es treten nach einer Pause in den Saal der Großmeister und Simon.)

GROSSMEISTER:

Ihr müßt fortan im Schlosse bleiben, Simon.
Seit man das Märchen von der Zauberei
Verbreitet hat, wär' jeder Schritt gefährlich,
Den ihr in dieser Gegend machen wolltet.

DER JUDE:

Es macht mir wahrlich großen Schmerz, zu wissen,
Daß Menschen sich durch ihren Unverstand
Der Hilfeleistung feindlich zeigen können,
Die ihrem eignen Wohle dienen soll.

GROSSMEISTER:

Wer durch die Gnade hoher Geistesmächte
Die Blicke werfen darf in Menschenseelen,
Der schaut die Feinde, die, in ihnen selbst,
Sich ihrem eignen Wesen widersetzen.
Der Kampf, den unsre Gegner uns bereiten,
Ist nur ein Bild des großen Krieges,
Den eine Macht im Herzen unaufhörlich
Aus Feindschaft gegen andre führen muß.

DER JUDE:

Mein hoher Herr, ihr sprechet jetzt ein Wort,
Das mich in tiefster Seele treffen muß.
Ich bin zum Träumer wahrlich nicht geboren;
Doch wenn ich einsam Feld und Wald durch-
Da tritt vor meine Seele oft ein Bild, [wandle,
Das ich so wenig mit dem Willen meistre
Wie jene Dinge, welche Augen schauen.
Es stellt sich vor mich hin ein Menschenwesen,
Das seine Hand mir liebend reichen will.
In seinen Zügen drückt ein Schmerz sich aus,
Den ich in keinem Antlitz noch gesehn.
Die Größe und die Schönheit dieses Menschen
Ergreifen alle meine Seelenkräfte;
Ich möchte niedersinken und in Demut
Ergeben mich dem Boten andrer Welten. – –
Da flammt im nächsten Augenblicke schon
Ein wilder Zorn in meinem Herzen auf.
Ich kann dem Trieb in mir nicht widerstehn,
Der meiner Seele Widerstand entfacht – –,
Und von mir stoßen muß ich jene Hand,
Die sich so liebend mir entgegenhält.
Sobald Besonnenheit mir wiederkehrt,

Ist schon die Lichtgestalt von mir gewichen.
Wenn ich mir dann im Denken wiederhole,
Was sich mir oft im Geiste vorgestellt,
Dann tritt mir der Gedanke vor die Seele,
Der mich im tiefsten Herzen kann erschüttern.
Zu euren Lehren fühl' ich mich gezogen,
Die von dem Geisteswesen offenbaren,
Das aus dem Sonnenreiche niederstieg
Und, durch des Menschen Sinnenform erscheinend,
Begreiflich wollte Menschenherzen werden;
Verschließen kann ich mich der Schönheit nicht,
Die eurer edlen Lehre eigen ist –
Und kann ihr doch die Seele nicht ergeben.
Ich muß des Menschenwesens Urgestalt
In eurem Geisteswesen wohl erkennen;
Doch hält mich trotzig ab mein Eigenwesen,
Wenn ich mich gläubig an sie wenden will.
So muß ich in mir selbst den Krieg erleben,
Der aller äußern Kämpfe Urbild ist.
Mich ängstigt oft die schwere Rätselfrage,
Die meines ganzen Lebens Schicksal trifft:
Wie soll ich fassen, daß ich euch verstehn,
Doch nicht im Glauben mich ergeben kann
Dem Inhalt eurer edlen Offenbarung?
Ich folge treu dem Vorbild, das ihr gebt,
Und bin im Widerspruch mit allem doch,
Was Ziel und Ursprung meines Vorbilds ist.
Und wenn ich so mich selbst erkennen muß,
So übertönt der Zweifel jeden Glauben,
In diesem Erdensein mich selbst zu finden.
Und oft sogar erfüllt mich Furcht und Sorge,
Es könnte dieses Zweifels wirrer Rest
Durch meine künft'gen Erdenleben ziehn.

GROSSMEISTER:

Das Bild, das du geschaut, mein lieber Simon,
Es stand vor meinem Geist in vollem Licht,
Als du es mir in Worten lebhaft maltest.
Und während du dann weiter zu mir sprachst,
Erweitert' sich das Bild vor meinem Blick;
Und ich vermochte Dinge zu erschauen,
Die Weltenziel und Menschenschicksal binden.
(Der Großmeister und Simon gehen ab.)

(Es treten nach einer Pause die beiden Zeremonienmeister in den Saal.)

1. ZEREMONIENMEISTER:

Ich muß dir frei gestehen, lieber Bruder,
Daß unverständlich unsres Hauptes Milde
Mir oft erscheint, wenn ich erblicken muß,
Wie stark das Unrecht unsrer Gegner ist.
Sie wollen unsre Lehren nicht erfahren,
Die sie als Ketzerei und Teufelswerk
Den Menschen grausig vor die Seele malen.
– – – – – – – – – – –

2. ZEREMONIENMEISTER:

Des Meisters Milde fließt aus unsern Lehren.
Wir dürfen nicht als höchstes Lebensziel
Verständnis aller Menschenseelen künden
Und unsre Gegner selbst doch mißverstehn.
Es sind in ihrer Mitte viele Menschen,
Die wahrhaft nach dem Vorbild Christi leben.
Verschlossen bleiben müßte ihren Seelen
Auch dann noch unsrer Lehre tiefster Sinn,
Wenn sie mit äußrem Ohr ihn hören wollten.
Bedenke, lieber Bruder, wie du selbst
Mit innrem Widerstreben, zaghaft nur,

Dem Geistgehör dich hast erschließen wollen.
Wir wissen aus der Meister Offenbarung,
Wie künftig Menschen durch das Geisteslicht
Das hohe Sonnenwesen schauen werden,
Das einmal nur im Erdenleibe wohnte.
Wir glauben freudig an die Offenbarung,
Weil wir vertrauensvoll den Führern folgen.
Doch sprach vor kurzer Zeit bedeutungsvoll
Der Mann, in dem wir unser Haupt erkennen:
«Es müssen langsam eure Seelen reifen,
Wenn ihr schon jetzt prophetisch schauen wollt,
Was sich den Menschen künftig zeigen wird. –
Ihr sollt nicht glauben», – sprach der Meister [ferner,
«Daß schon nach eurer ersten Seelenprüfung
Dies Vorgesicht der Zukunft euch erscheint.
Auch wenn euch Sicherheit bereits gewährt,
Daß alles Menschenleben wiederkehrt,
So tritt die zweite Prüfung erst an euch heran,
Die eurem Eigenwahn die Fesseln löst,
So daß er euch das Geisteslicht verdirbt.»
Und auch die ernste Mahnung gab der Meister:
«Erforscht in stillsten Andachtstunden oft,
Wie dieser Wahn, als Seelenungeheuer,
Gefährlich wird dem Pfad des Geistessuchers.
Wer ihm verfällt, der möchte Menschensein
Auch dort erblicken, wo der Geist allein
Dem Geisteslicht sich offenbaren will.
Wenn ihr euch würdig wollet vorbereiten,
Das Weisheitslicht von Christi Wesenheit
In euer Seelenauge aufzunehmen,
So müsset ihr euch sorgsam selbst bewachen,
Daß Eigenwahn euch nicht befallen mag,
Wenn eure Seele ihn am fernsten glaubt.»

Wenn wir dies Wort uns klar vor Augen stellen,
Wird uns die falsche Meinung bald verlassen,
Daß wir in unsrer Zeit in leichter Art
Die hohen Lehren überliefern können,
Zu denen unsre Seelen sich bekennen.
Beglückend müssen wir schon dies empfinden,
Daß wir so manche Seele treffen können,
Die schon in diesen Tagen unbewußt
Den Keim empfängt für künft'ge Erdenleben.
Und dieser Keim, er kann im Menschen erst
Als Gegner jener Mächte sich erweisen,
Zu denen er sich später wenden will.
Ich kann in vielem Haß, der uns verfolgt,
Den Samen spätrer Liebe nur entdecken.

1. ZEREMONIENMEISTER:
Es ist gewiß, daß höchster Wahrheit Ziel
Sich nur in solchen Worten kann erschließen;
Doch schwer erscheint es, schon in diesen Tagen,
Das Dasein ganz in ihrem Sinn zu lenken.

2. ZEREMONIENMEISTER:
Auch darin folg' ich meines Meisters Worten.
Es ist der ganzen Menschheit nicht verliehn,
Der Erden Zukunftsein voraus zu leben.
Doch müssen solche Menschen stets sich finden,
Die spätrer Tage Wesen schauen können
Und die ihr Fühlen jenen Kräften weihn,
Die alles Sein der Gegenwart entreißen
Und für die Ewigkeit bewahren wollen.

(Vorhang fällt, während die beiden Zeremonienmeister noch im Saale sind.)

NEUNTES BILD

Die Waldwiese wie im sechsten Bild. Joseph Kühne, Frau Kühne, deren Tochter Berta; dann Bauern; später der Mönch; zuletzt Cäcilia, genannt Cilli, Kühnes Pflegetochter, und Thomas.

BERTA:

Ich möchte gar zu gerne, liebe Mutter,
Aus deinem Munde die Geschichte hören,
Von welcher Cilli früher öfter sprach.
Du weißt ja alle Märchen zu erzählen,
Die unser lieber Vater von den Rittern
Nach Hause bringt und welche viele Leute
Mit größter Freude immer gern vernehmen.

JOSEPH KÜHNE:

Die Märchen sind ein wahrer Seelenschatz.
Was sie dem Geiste geben, bleibt erhalten
Noch über unsern Tod hinaus und wird
In spätern Erdenleben Früchte bringen.
Sie lassen uns das Wahre dunkel ahnen;
Und aus der Ahnung machen unsre Seelen
Erkenntnis, die uns nötig ist im Leben.
Ja, wenn die Leute nur verstehen könnten,
Was unsre Ritter ihnen alles schenken.
Cäcilia und Thomas haben leider
Für diese Dinge jetzt nur taube Ohren,
Weil sie die Weisheit anderswo empfangen.

BERTA:

Ich möchte heute die Geschichte hören,
Die von dem Guten und dem Bösen handelt.

FRAU KÜHNE:

Ich will sie dir recht gern erzählen; höre:

Es lebt' einmal ein Mann,
Der sann viel über Weltendinge nach.
Es quälte sein Gehirn am meisten,
Wenn er des Bösen Ursprung kennen wollte.
Da konnte er sich keine Antwort geben.
«Es ist die Welt von Gott», – so sagt' er sich,
«Und Gott kann nur das Gute in sich haben.
Wie kommen böse Menschen aus dem Guten?»
Und immer wieder sann er ganz vergebens;
Die Antwort wollte sich nicht finden lassen.
Da traf es sich einmal, daß jener Grübler
Auf seinem Wege einen Baum erblickte,
Der im Gespräche war mit einer Axt.
Es sagte zu dem Baume jene Axt:
«Was dir zu tun nicht möglich ist, ich kann es tun,
Ich kann dich fällen; du mich aber nicht.»
Da sagte zu der eitlen Axt der Baum:
«Vor einem Jahre nahm ein Mann das Holz,
Woraus er deinen Stiel verfertigt hat,
Durch eine andre Axt aus meinem Leib.»
Und als der Mann die Rede hatt' gehört,
Erstand in seiner Seele ein Gedanke,
Den er nicht klar in Worte bringen konnte,
Der aber volle Antwort gab der Frage:
Wie Böses aus dem Guten stammen kann.

JOSEPH KÜHNE:
Bedenke die Geschichte, meine Tochter;
Und sehen wirst du, wie Naturbetrachtung
Erkenntnis schaffen kann im Menschenkopfe.
Ich weiß, wieviel ich mir erklären kann,
Wenn ich die Märchen denkend weiterspinne,
Durch welche unsre Ritter uns belehren.

BERTA:

Ich bin fürwahr ein recht einfältig Ding
Und würde sicher nichts von dem verstehn,
Was kluge Leute mit gelehrten Worten
Von ihrer Wissenschaft erzählen können.
Mir fehlt auch jeder Sinn für solche Dinge.
Ich werde ganz verschlafen, wenn der Thomas
Von seinen Sachen uns berichten will.
Doch wenn mein lieber Vater seine Märchen
Von unsrer Burg nach Hause bringt und oft
Durch viele Stunden seine eignen Worte
Mit dem verbindet, was er uns erzählt,
So hör' ich gerne ohne Ende zu.
Die Cilli spricht gar oft vom frommen Sinn,
Der mir nach ihrer Meinung fehlen soll.
Ich fühle aber rechte Frömmigkeit,
Wenn ich die Märchen mir vor Augen stelle
Und mich an ihnen herzlich freuen kann.

(Joseph Kühne, Frau Kühne und Berta gehen ab.)

(Es betreten nach einer Pause Bauern die Wiese.)

– – – – – – – – – – –

I. BAUER:

Es ist mein Oheim gestern heimgekommen.
Er hat sich lange Zeit in Böhmen
Als Bergmann redlich durchgeschlagen.
Er weiß gar vieles zu erzählen,
Das er auf seiner Reise hat gehört.
Die Aufregung ist überall vorhanden.
Man rückt den Geistes-Rittern jetzt zu Leibe.
Auch gegen unsre Bundesbrüder
Ist nun schon alles vorbereitet.
Die Burg wird bald belagert werden.

2. BAUER:
Sie sollen nur nicht lange warten lassen.
Es wird bei uns gewiß so mancher
Sich ihnen gern als Kämpfer zugesellen.
Ich werde sicher zu den ersten zählen.

1. BÄUERIN:
Du wirst in dein Verderben rennen.
Wer kann so unverständig sein
Und nicht bedenken wollen,
Wie stark die Burg befestigt ist.
Der Kampf wird furchtbar sein.

2. BÄUERIN:
Die Bauern sollten sich nicht mischen
In Dinge, die sie nicht verstehn.
Statt dessen zieht so mancher jetzt
Von Ort zu Ort in unsrer Gegend
Und schürt recht fleißig zur Empörung.
Man hat es schon so weit gebracht,
Daß Kranke hilflos jammern müssen.
Der gute Mann, der früher
So vielen Menschen hilfreich war,
Er kann nicht mehr die Burg verlassen:
Man hat ihn furchtbar zugerichtet.

3. BÄUERIN:
Verbittert waren eben viele Menschen,
Als sie gehört, woher die Krankheit kommt,
Die unter unsern Kühen ausgebrochen –.
Der Jude hat sie ihnen angezaubert.
Er heilt die Menschen nur zum Schein,
Damit er mit den Höllenkräften
Den Zwecken böser Mächte dienen kann.

3. BAUER:
Mit allem Schwätzen von der Ketzerei
War wenig auszurichten;
Die Leute hatten, was sie brauchten,
Und kamen so zu weiter nichts,
Als daß sie sich mit üblen Reden
Die freie Zeit vertrieben.
Da hat geschickt ein Menschenkenner
Den Unsinn ausgesonnen,
Der Jude hätte unser Vieh verzaubert.
Da brach der Sturm erst los.

4. BAUER:
Ich denk', ihr könntet alle wissen,
Was Krieg und Kriegsnot heißt.
Die Väter haben uns erzählt,
Was sie erleben mußten
In jenen Zeiten, als das Land
Von Truppen überall besetzt gewesen.

5. BÄUERIN:
Ich hab' es immer schon gesagt:
Es muß die Herrlichkeit verschwinden.
Mir hat ein Traum schon vorgestellt,
Wie wir den Truppen dienen können,
Die zur Belagerung erscheinen,
Und sie recht gut versorgen.

6. BAUER:
Ob Träume uns noch glaubhaft sind,
Das wollen wir nicht fragen.
Die Ritter wollten uns gescheiter machen,
Als unsre Väter waren.
Sie sollen jetzt erfahren,

Wieviel wir klüger sind geworden.
Die Väter haben sie hereingelassen;
Wir werden sie verjagen.
Ich kenne die geheimen Schliche,
Durch die man in die Burg gelangt.
Ich war darin in Arbeit,
Bis mich der Zorn herausgetrieben hat.
Ich will den Rittern zeigen,
Daß Wissenschaft uns nützen kann.

4. BÄUERIN:
Der denkt gewiß an gute Dinge nicht,
Mir wurde angst bei seiner Rede.

5. BAUER:
Mir hat sich schon im Geistesbild gezeigt,
Wie ein Verräter auf geheimen Wegen
Die Feinde in die Burg geleitet.

6. BÄUERIN:
Ich finde solche Bilder ganz verderblich.
Wer christlich jetzt noch denken kann,
Der weiß, daß Ehrlichkeit
Und nicht Verräterei
Vom Bösen uns befreien wird.

6. BAUER:
Ich lass' die Leute reden
Und tu', was nützen kann.
Gar mancher schilt als Unrecht,
Was er nicht selbst verrichten kann,
Weil er den Mut nicht hat.
Doch laßt uns weitergehn;
Es kommt des Weges schon der Pater.

Wir wollen ihn nicht stören. –
Ich konnte ihm doch sonst
So leicht in allem folgen;
Doch heute war in seiner Predigt
Mir manches Wort recht unverständlich.
(Die Bauern gehen nach dem Walde zu ab.)

(Es kommt nach einer Pause der Mönch über den Wiesenweg.)

MÖNCH:

Der Seele Wege müssen sich verwirren,
Wenn sie dem eignen Wesen folgen will.
Es konnte nur die Schwäche meines Herzens
Die Wahngestalten mir vor Augen stellen,
Als ich in jenem Hause mich befand.
Daß sie im Streit sich vor mich stellen mußten,
Es zeigt doch nur, wie wenig noch in mir
Die Seelenkräfte sich vereinen können.
Ich will deshalb von neuem mich bestreben,
Im Innern mir die Worte zu entzünden,
Die mir das Licht aus Geisteshöhen senden.
Nach andren Wegen kann nur der begehren,
Dem Eigenwahn den Sinn verblendet hält.
Es kann die Seele nur den Trug besiegen,
Wenn sie der Gnade würdig sich erweist,
Die ihr das Geisteslicht aus Liebequellen
Im Weisheitsworte offenbaren will.
Ich weiß, ich finde dich, du edle Kraft,
Die mir beleuchten kann der Väter Lehren,
Wenn ich des Eigendünkels Finsternissen
Mit fromm ergebnem Herzen kann entfliehn.
(Der Mönch geht ab.)

(Es kommen nach einer Pause auf die Wiese Cäcilia, genannt Cilli, und Thomas.)

CÄCILIA:

Mein lieber Bruder, wenn ich oft inbrünstig
Im stillen Beten mich dem Quell der Welt
Mit ganzer Seele neigte, und die Sehnsucht,
Vereint mit ihm zu sein, mein Herz erfüllte,
Da trat vor meinen Geist ein Lichtesschein –.
Er strömte eine milde Wärme aus;
Es formte sich der Schein zum Menschenbilde;
Das schaute mich mit sanftem Auge an,
Und Worte tönten mir aus diesem Bilde.
Sie klangen so:
«Du wardst verlassen einst durch Menschenwahn,
Du wirst getragen jetzt von Menschenliebe,
So warte, bis die Sehnsucht finden wird
Den Weg, der sie zu dir geleiten kann.»
So sprach das Menschenbild gar oft zu mir.
Ich konnte seine Worte mir nicht deuten;
Die dunkle Ahnung doch erquickte mich,
Daß sie sich mir dereinst erfüllen werden.
Und dann, als du, geliebter Bruder, kamst
Und ich zum erstenmal dich sehen konnte,
Da fühlte ich der Sinne Kraft entschwinden, –
Du glichest jenem Menschenantlitz ganz.

THOMAS:

Es hat dich Traum und Ahnung nicht getäuscht;
Es hat die Sehnsucht mich zu dir geleitet.

CÄCILIA:

Und als du zur Gefährtin mich begehrtest,
Da glaubt' ich, dich vom Geiste mir bestimmt.

THOMAS:

Daß uns der Geist zusammenführen wollte,

Fürwahr, es zeigt sich uns mit voller Klarheit,
Obgleich wir ihn erst mißverstanden haben.
Als ob er mir das Weib bescheren wollte,
So schien es mir, als ich dich kennenlernte.
Ich fand die früh verlorne Schwester wieder.

CÄCILIA:
Und nun soll nichts uns ferner trennen können.

THOMAS:
Und doch, wie vieles stellt sich zwischen uns!
Die Pflegeeltern sind so eng verbunden
Der Brüderschaft, die ich verwerfen muß.

CÄCILIA:
Sie sind von Lieb' und Güte ganz erfüllt;
Du wirst an ihnen gute Freunde haben.

THOMAS:
Es wird mein Glaube mich von ihnen trennen.

CÄCILIA:
Du wirst durch mich den Weg zu ihnen finden.

THOMAS:
Es hat der liebe Kühne starren Sinn;
Es wird ihm stets als Finsternis nur gelten,
Was mir doch alles Lichtes Quelle ist.
Ich habe mich in reifen Jahren erst
Zu diesem Wahrheitslichte wenden dürfen.
Was ich als Kind von ihm vernommen habe,
Ist meinem Geiste kaum bewußt geworden,
Und später war ich nur darauf bedacht,
Die Wissenschaft mir richtig anzueignen,
Die mir das Leben unterhalten sollte.

Und hier erst konnte ich den Führer finden,
Der mir die Seele hat befreien können.
Die Worte, welche er mich hören ließ,
Sie tragen aller Wahrheit echte Zeichen.
Er spricht in solcher Art, daß Herz und Kopf
Zugleich der Lehre sich ergeben müssen,
Die er voll Milde und voll Güte gibt.
Vorher verwandte ich die größte Mühe,
Die andre Geistesart mir klarzumachen.
Ich fand, daß sie in Irrtum führen muß.
Sie hält sich nur an jene Geisteskräfte,
Die wohl im Erdentreiben sicher führen,
Doch nicht zu höhern Welten führen können.
Und wie soll ich den Weg nun finden können
Zum Herzen solcher Menschen, die alles Heil
Von diesem Irrtum nur erwarten wollen.

CÄCILIA:

Ich höre deine Worte, lieber Bruder;
Sie scheinen nicht vom Frieden eingegeben.
Mir aber ließen sie ein Friedensbild
Aus frühern Tagen vor die Seele treten.
Am Karfreitag war's, vor vielen Jahren,
Da sah ich auch das Bild, von dem ich sprach.
Es sagte mir zu jener Zeit der Mann,
Der meines lieben Bruders Züge trug:
«Aus Gottessein erstand die Menschenseele;
Sie kann in Wesensgründe sterbend tauchen;
Sie wird dem Tod dereinst den Geist entbinden.»
Erst später ist mir klar bewußt geworden,
Daß dieses unsrer Ritter Wahlspruch ist.

THOMAS:

O Schwester, so muß mir aus deinem Munde

Der böse Spruch ertönen, der den Gegnern
Als höchster Geisteswahrheit Inhalt gilt.

CÄCILIA:

Ich bin im Herzen gänzlich abgeneigt
Den äußern Taten dieser Ritterschaft
Und bin dem Glauben treu, der dich erbaut.
Doch niemals konnte ich mich überzeugen,
Daß nicht in Christi Spuren wandeln sollten
Die Menschen, die als ihrer Lehre Ziel
Sich so die Seelenpfade vorgezeichnet.
Ich bin des Geistes treu ergebne Schülerin
Und muß bekennen, daß ich glauben will,
Es habe meines Bruders Geist an jenem Tage
Von Seelenfriedenszielen sprechen wollen.

THOMAS:

Durch Schicksalsmächte scheinen unsrem Leben
Die Seelenfriedensziele nicht bestimmt;
Sie haben unsren Vater uns genommen
In jener Stunde, die ihn uns gegeben.

CÄCILIA:

Es raubt der Schmerz mir alle Sinnesklarheit,
Wenn ich dich so vom Vater sprechen höre.
Dein Herz, es zieht dich liebend hin zu ihm,
Und doch erbebst du, wenn du denken willst,
Im Leben noch mit ihm vereint zu sein.
Du folgst in Treue unserm weisen Führer
Und kannst nicht hören, wenn der Liebe Botschaft
So herzlich strömt durch seiner Worte Kraft.
Vor einem dunklen Rätsel fühl' ich mich:
Ich seh' dein gutes Herz und deinen Glauben
Und kann nur schaudernd vor dem Abgrund stehn,

Der zwischen beiden furchtbar sich vertieft.
Und lebte tröstend mir die Hoffnung nicht,
Daß Liebe siegend sich stets zeigen muß,
So fehlte mir der Mut, dies Leid zu tragen.

THOMAS:

Es ist dir noch verborgen, liebe Schwester,
Wie zwingend sich Gedankenkraft erweist,
Wenn sie des Menschen Seele ganz ergreift.
Nicht steht der Sohn dem Vater hier entgegen;
Gedanke wendet von Gedanken sich. – –
Ich fühle seine Macht in meiner Seele;
Sich ihr zu widersetzen, wäre mir
Des eignen Wesens wahrer Geistestod.

(Der Vorhang fällt, während noch Thomas und Cäcilia auf der Wiese sind.)

Das Folgende ist die Fortsetzung der Ereignisse, die in den ersten fünf Bildern dargestellt sind.

ZEHNTES BILD

Dieselbe Landschaft wie im fünften Bilde; Capesius erwacht aus der *Vision*, welche ihm seine vorige Inkarnation vor die Seele gestellt hat.

CAPESIUS:
O diese fremde Gegend! Eine Bank,
Ein Häuschen und ein Waldesgrund vor mir ...
Ob ich sie kenne? Sie verlangen dringlich,
Daß ich sie kenne. Sie bedrücken mich.
Sie legen sich auf mich wie schwere Lasten.
Sie scheinen Wirklichkeit. Doch nein, dies alles –
Ist nichts als Bild, aus Seelenstoff gewoben.
Ich weiß, wie diese Bilder sich aus Sehnsucht
Und aus dem Seelendurst gestaltet haben.
Ich tauchte, wie erwachend, aus der Sehnsucht –
Und aus dem weiten Geistesmeere auf.
Erschauernd schreckhaft steigt Erinnerung
An diese Sehnsucht mir aus Seelengründen.
Wie brannte doch ihr Durst nach Daseinswelten. –
Die Wahneslust, die aus Entbehrung kam,
Verbrannte meine ganze Wesenheit.
Ich mußte stürmisch nach dem Sein begehren,
Und alles Dasein wollte mich nur fliehen.
Ein Augenblick, der Ewigkeit mir dünkt,
Ergoß in meine Seele Leidensstürme,
Die nur ein volles Leben bringen kann.
Und *vor* dem Sehnsuchtsschrecken stand vor mir,
Was diesen Schrecken mir erschaffen hatte.
Ich fühlte mich zum Weltenall erweitert

Und aller eignen Wesenheit beraubt –.
Doch nein, der war nicht ich, der so empfand,
Ein andres Wesen, das aus mir entsprang.
Erwachsen sah ich Mensch und Menschenwerk
Aus Weltgedanken, die den Raum durcheilten
Und wesend sich zur Offenbarung drängten.
Sie stellten eine ganze Lebenswelt
Mir vor die Augen bildhaft greiflich hin,
Sie nahmen mir aus meinem Seelenstoff
Die Kraft, um aus Gedanke Sein zu schaffen.
Je mehr die Welt vor mir sich dichten konnte,
Verlor ich selbst an meinem Eigenfühlen.
Und Worte tönten aus der Bilderwelt,
Sie drangen auf mich ein, sich selber denkend.
Sie schufen aus den Lebensmängeln Wesen
Und gaben ihnen Kraft aus guten Taten.
Sie klangen aus den Raumesweiten mahnend:
«O Mensch, erkenne dich in deiner Welt.»
Ich sah ein Wesen, das, vor mich gestellt,
Mir meine Seele als die seine zeigte.
Und jene Weltenworte sprachen weiter:
«So lang du nicht in deine Lebenskreise
Dies Wesen ganz verwoben denken kannst,
Bist du ein Traum, dich selber träumend nur.»
Ich konnte nicht in klaren Formen denken,
Nur Kräfte wirksam schauen, die verworren
Vom Nichts ins Sein, vom Sein ins Nichts sich
[drängten.
Doch strebe ich im Geiste weiter rückwärts,
Erinnernd mich, was ich vor diesem schaute,
So steht ein Lebensbild vor meiner Seele,
Das nicht verworren ist, wie alles war,
Was ich in spätren Augenblicken fühlte;
Das klar vielmehr mir Mensch und Menschenwerk

In allen Einzelheiten deutlich zeigt,
Es ist in diesem Bilde mir vertraut,
Wer jene Menschen sind und was sie tun:
Ich kenne alle Seelen, die ich schaue,
Doch sind die Leibesformen umgestaltet.
Ich blick' auf alles dies, wie wenn ich selbst
Als Wesen dieser Welt mich fühlen müßte;
Und trotzdem läßt mich kalt und ohne Fühlen,
Was gleich dem vollen Leben vor mir steht.
Es scheint, als ob die Wirkung auf die Seele
Sich für den spätern Augenblick bewahrte,
Der mir jetzt früher vor dem Geiste stand.
In eines Geistesbundes Mitte konnt' ich
Mich selbst und andre Menschen wohl erkennen,
Doch so, wie man ein Bild aus alter Zeit
Gedächtnisquellen sich entringen fühlt.
Ich schaue Thomas, meinen Sohn, als Bergmann
Und muß der Menschenseele mich entsinnen,
Die als Thomasius mir sonst sich zeigte.
Das Weib, das mir als Seherin bekannt,
Es tritt als leiblich Kind vor meine Augen.
Maria, die Thomasius befreundet,
Sie offenbart sich in des Mönches Kleid,
Der unsre Geistesbrüderschaft verdammt,
Und Strader trägt des Juden Simon Antlitz.
In Joseph Kühne und in seinem Weibe
Erblick' ich Felix' und Felicias Seele.
Ich kann der andren Menschen Leben
Und auch mein eignes deutlich überschauen,
Doch da ich mich noch ganz ihm hingegeben,
Entschwindet alles meinem Geiste wieder.
Empfinden kann ich, wie die Seelenstoffe,
Aus welchen jenes Bild gewoben war,
In meine eigne Seele sich ergießen.

Mich aber fühle ich von Seligkeit
In meiner ganzen Wesenheit ergriffen.
Befreit erschein' ich mir von Sinnenschranken,
Mein Sein, es ist zum Weltenall erweitert. –
So fühle ich den langen Augenblick,
Den ich durchleben konnte, ehe ich
Vor jenem Lebensbilde mich befunden.
Und weiter noch zurück kann ich jetzt schaun –:
Verdichtend sich, aus Weltgedankenkraft,
Erscheint vor meinen Blicken dann der Wald,
Das Haus, in welchem mir Felicia und Felix
So oft in Lebenssorgen Trost gewährten.
Und jetzt – ich finde in der Welt mich wieder,
Aus der ich mich entfernt noch eben fühlte
Durch Erdenzeiten und durch Weltenfernen.
Und was ich jüngst noch fühllos schauen konnte:
Das Bild, das mich mir selber hat gezeigt,
Es legt sich Seelennebelformen gleich
Vor alles hin, was jetzt die Sinne fühlen.
Zum Alp wird mir das Bild, der mich bedrückt.
Er wühlt in meinen Seelentiefen,

– – – – – – – – – – –

Er öffnet Weltentore, Raumesweiten –

– – – – – – – – – – –

Was stürmt in meinen Wesensgründen,
Was dringt in mich aus Weltenfernen?

– – – – – – – – – – –

EINE STIMME ALS GEISTGEWISSEN:

Erfühle, was du geschaut,
Erlebe, was du getan.
Du bist dem Sein nun neu erstanden. –
Du hast geträumt dein Leben.
Erwirk' es dir

Aus edlem Geisteslicht;
Erkenne Daseinswerk
Mit Seelenblickeskraft.
Vermagst du dieses nicht,
Bist wesenlosem Nichts
In Ewigkeit verbunden.

(Vorhang fällt, während Capesius noch anwesend ist.)

ELFTES BILD

Dasselbe Meditationszimmer wie im zweiten Bilde. Maria, Ahriman.

AHRIMAN:

Benedictus hat die Gedankenfäden
Mit List gesponnen, denen du gefolgt.
Sie haben dich in Irrtum wohl verstrickt.
Thomasius und auch Capesius,
Sie sind desselben Wahngesichtes Opfer.
Zugleich mit deinem fielen ihre Blicke
Auf langvergangner Erdentage Leben.
Ihr sucht seither in jener Zeit das Dasein,
Das eurer Gegenwart vorangegangen.
Ihr werdet Irrtum nur aus Irrtum zeugen,
Wenn ihr euch wollt dadurch bestimmen lassen,
Dem Erdenpfade Pflichten vorzuzeichnen,
Die eures Wahneswissens Folge sind.
Daß Benedictus nur aus deinem Hirn
Die Bilder nahm und sie in frühe Zeiten setzte:
Dies kannst du klar aus eignem Wissen finden.
Du sahst die Menschen deiner eignen Tage
Verschieden kaum von jenen alter Zeit.
Du sahest Mann als Mann und Frau als Frau,
Und auch die Eigenschaften waren ähnlich.
Es kann dir so kein Zweifel mehr bestehn,
Daß du nicht Wahrheit, sondern nur den Wahn
Der eignen Seele mit dem Geistesauge
In graue Vorzeit dir zurückverlegtest.

MARIA:

Ich schaue dich als aller Täuschung Vater,
Doch weiß ich auch, daß du oft Wahrheit sprichst.

Und wer verwerfen wollte jeden Rat,
Den er durch deine Worte kann erhalten,
Der müßte schwersten Irrtums Opfer werden.
Wie Wahn der Wahrheit Maske sich bedient,
Um Menschenseelen sicher einzufangen,
So kann der Mensch sich leicht dem Trug ergeben,
Wenn er nur stets an allen Irrtumsquellen
In feiger Furcht vorbei sich schleichen wollte.
Nicht Wahn allein verdanket dir die Seele:
Auch jene Macht entstammt dem Geist des Truges,
Die Menschen sichre Urteilskraft verleiht.
Drum will ich mich dir frei entgegenstellen.
Ergriffen hast du mich an jenem Seelenteil,
Der wachsam stets sich selbst bewahren muß.
Erwäg' ich alle Gründe, welche du
Mir eben klug berechnend vorgehalten,
So scheint nur eignen Hirnes Bildgestalt
In frühe Erdentage hinversetzt.
Doch frag' ich dich, ob deiner Weisheit sich
Für alle Erdenzeiten Pforten öffnen?

AHRIMAN:

In keinem Geistesreiche leben Wesen,
Die sich mir feindlich dann entgegenstellen,
Wenn ich in Erdenzeiten Einlaß brauche.

MARIA:

Die hohen Schicksalsmächte haben weise
In dir den Widersacher sich bestellt;
Du förderst alles, das du hemmen willst.
Du bringst den Menschenseelen Freiheitsmacht,
Wenn du in ihre Seelengründe dringst.
Von dir entspringen die Gedankenkräfte,
Die Ursprung zwar der Wissens-Truggebilde,

Doch auch des Wahrheitssinnes Führer sind.
Es gibt nur Ein Gebiet im Geisterland,
In dem das Schwert geschmiedet werden kann,
Vor dessen Anblick du verschwinden mußt.
Es ist das Reich, in dem die Menschenseelen
Sich aus Verstandeskräften Wissen bilden
Und dann zur Geistesweisheit umgestalten.
Und kann ich mir in diesem Augenblicke richtig
Das Wahrheitswort zum Schwerte schmieden,
So wirst du diesen Ort verlassen müssen.
So höre du, der Vater ist der Täuschung,
Ob ich vor dir die Siegeswahrheit spreche.
Es gibt im Erdenwerden solche Zeiten,
In welchen alte Kräfte langsam sterben
Und sterbend schon die neuen wachsen sehn.
In solcher Zeitenwende fanden ich
Und meine Freunde uns im Geist vereint,
Als sie die frühern Erdenleben suchten.
Es wirkten damals wahre Geistesmenschen,
Die sich zur Seelenbrüderschaft verbanden
Und aus der Mystik Reich sich Ziele holten.
In solchen Erdentagen werden Keime
In Menschenseelen sorgsam eingepflanzt,
Die lange Zeit zur vollen Reife brauchen.
Die Menschen müssen dann im nächsten Leben
Noch Eigenschaften aus dem frühern zeigen.
Es werden viele Männer solcher Zeiten
In einem nächsten Leben wieder Männer;
Und viele Frauen werden Frauen wieder.
Es ist dann auch die Zeitenlänge kürzer
Als jene, die sonst zwischen Leben liegt.
Es fehlet dir für solche Zeitenwenden
Der sichre Blick. Deshalb vermagst du nicht
Ihr Werden irrtumlos zu überschauen.

Gedenke, wie wir uns begegnet sind
Im Hause jener Geistesbrüderschaft:
Und du mit Worten sprachst, die mir den Selbstsinn
In tiefster Seele schmeichelnd lösen sollten.
Erinnerung für diese Zeit verleiht
Mir jetzt die Kraft, mich dir zu widersetzen.

(Ahriman entfernt sich mit einer unwilligen Gebärde. Donner.)

MARIA:

Er hat die Stätte so verlassen müssen,
Die Benedictus' Segen oft empfangen.
Mir aber hat sich herrlich offenbart,
Wie leicht der Irrtum Seelen kann befallen,
Die ohne Wachsamkeit dem Geistgehör
Sich öffnen und die sichren Wege meiden.
Es hat der Widersacher starke Kräfte,
Des Lebens Widersprüche zu betonen
Und so den Seelen Sicherheit zu rauben.
Er muß verstummen, wenn das Licht erscheint,
Das aus den Weisheitsquellen selber leuchtet
Und Geistesblicken Helligkeit verleiht.

(Vorhang fällt, während Maria noch im Zimmer ist.)

ZWÖLFTES BILD

Dasselbe Zimmer wie im vorigen Bild. Johannes und Lucifer.

LUCIFER:

Erkenne an Capesius die Früchte,
Die reifen müssen, wenn die Seelen sich
Dem Geistgebiet zu früh erschließen wollen.
Er kennt die Worte seines Lebensbuches
Und weiß, was ihm obliegt für viele Leben.
Doch Leid, das nicht im Schicksalsplane liegt,
Ersteht aus Wissen, dem die Kräfte fehlen,
Zu Taten sich im Leben umzubilden.
Ob dieses oder jenes kann gelingen,
Das liegt an eines Menschen Willensreife.
Bei jedem Schritt, den er ins Leben macht,
Wird jetzt Capesius sich fragen müssen:
Erfülle ich auch jedes Pflichtgebot,
Das aus dem frühern Leben mir erwachsen?
So breitet sich ein Licht ihm über alles,
Das ihm das Auge schmerzlich blenden muß
Und das doch nimmermehr ihm helfen kann.
Es tötet Kräfte, die im Unbewußten
Der Menschenseele sichre Führer sind,
Und kann Besonnenheit doch nicht erhöhn.
So lähmt es nur des Leibes starke Macht,
Bevor die Seele sie bemeistern kann.

JOHANNES:

Ich kann den Irrtum meines Lebens schauen.
Ich raubte meinem Leib die Seelenkraft
Und trug sie stolz in hohe Geisterreiche.
Doch nicht ein ganzes Menschenwesen ward
Auf diesem Weg dem Lichte zugeführt.

Ein leichter Seelenschatten war es nur.
Er konnte schwärmen für die Geistesweiten
Und eins sich fühlen mit den Schöpfermächten.
Er wollte mit dem Lichte selig leben
Und in der Farbe Lichtes-Taten schauen.
Als Künstler meinte er das Geistessein
In Sinneswelten schaffend nachzubilden.
Das Wesen, das von mir die Züge lieh,
Es hat mir furchtbar wahr mich selbst gezeigt.
Ich träumte nur von reinster Seelenliebe,
Im Blute aber wühlte Leidenschaft. –
Ich durfte jetzt den Erdenweg erblicken,
Der dieses Lebens echter Schöpfer ist.
Er zeigt mir, wie ich wahrhaft streben muß.
Die Geisteswege, welche ich gewandelt,
Wie soll die Seele sie verfolgen können,
Die vor dem gegenwärt'gen Erdenpfad
In Thomas' Leibe ihre Hülle fand?
Wie er das Leben sich gestaltet hat,
Das muß mir jetzt das Ziel vor Augen stellen.
Erreichen wollte ich in diesem Dasein,
Was mir erst später wahrhaft fruchten kann.

LUCIFER:

Es muß mein Licht dich sicher weiterführen,
Wie du bis jetzt von ihm dich führen ließest.
Der Geistesweg, den du betreten hast:
Er kann den Geist der Höhenwelt vermählen,
Doch deiner Seele bringt er Finsternis.

JOHANNES:

Was hat ein Mensch erreicht, der seelenlos
Dem Geisterland sich überliefern muß!
Er ist am Ende seiner Erdenzeiten

Nur jenes Wesen wieder, das er war,
Als seine Menschenform im Urbeginn
Sich aus dem Weltenschoße lösen durfte.
Wenn ich den Trieben mich ergeben werde,
Die aus den unbewußten Seelentiefen
Nach Lebensinhalt machtvoll drängen,
Dann wirkt in mir das ganze Weltenall.
Ich weiß dann nicht, was mich zum Handeln treibt,
Doch ist's gewiß der Weltenwille selbst,
Der mich nach seinen Zielen vorwärtslenkt.
Und er muß wissen, was das Leben soll,
Auch wenn Erkenntnis ihn nicht fassen kann.
Was er im vollen Menschenwesen schafft,
Ist Lebensreichtum, der die Seele bildet.
Ich will mich ihm ergeben und nicht weiter
Durch eitles Geistesstreben ihn ertöten.

LUCIFER:

In diesem Weltenwillen wirke ich,
Wenn er durch Menschenseelen kraftvoll strömt.
Sie sind ein Glied an höhern Wesenheiten,
So lang sie mich nicht voll erleben konnten.
Ich mache sie zum wahren Menschen erst,
Der sich als Selbst ins Weltall fügen kann.

JOHANNES:

Seit lange glaubt' ich dich schon ganz zu kennen,
Doch lebte mir im Innern nur ein Schemen,
Den Geistesschau von dir mir vorgebildet.
Ich muß dich fühlen, muß dich wollend leben,
Dann kann ich künftig dich auch überwinden,
Wenn so mein Schicksalsplan es fügen will.
Das Geisteswissen, das ich früh erlangt,
Es ruhe mir fortan im Seelengrunde,

Bis meine Lebenstriebe selbst es wecken.
Vertrauensvoll ergeb' ich mich dem Willen,
Der weiser als die Menschenseele ist.

(Johannes geht mit Lucifer ab.)

DREIZEHNTES BILD

Der Sonnentempel; die verborgene Mysterienstätte der Hierophanten. Lucifer, Ahriman, die drei Seelengestalten. Strader, Benedictus, Theodosius, Romanus, Maria.

(Es treten zuerst Lucifer und Ahriman ein.)

LUCIFER:

Als Sieger steht vor dir der Wunschgebieter, –
Er hat die Seele sich erobern können,
Die auch im Licht der Geistessonne
Noch unserm Reich verwandt sich fühlen mußte.
Ich konnte noch im rechten Augenblicke
Den Blick ihr blenden für den Lichtesschein
Dem sie nur träumend sich ergeben hatte.
Doch alle Hoffnung muß mir wieder schwinden,
Daß uns der Sieg im Geistgebiet gelingen kann,
Da jetzt ich mich zum Kampfgenossen wende.
Du konntest dir die Seele nicht erobern,
Die unser Werk zum Ziele führen müßte. –
So kann ich nur für kurze Erdenzeiten
Die Menschenseele, die sich mir ergeben,
In unsren Reichen zwecklos mir erhalten
Und muß sie dann den Gegnern wiedergeben.
Zum vollen Siege ist die zweite nötig,
Die deinem Wirken sich entzogen hat.

AHRIMAN:

Ungünstig meinem Wirken ist die Zeit,
Ich finde keinen Zugang zu den Seelen.
Schon nahet Eine, die ich stark durchwühlte.
Noch ohne Geisteswissen ist sie hier,
Doch führt Verstandeszwang sie kräftig weiter.
So muß ich ihr an diesem Orte weichen,

Den sie bewußtlos nur betreten kann.

(Die drei Seelengestalten mit Strader.)

PHILIA:

Ich will erfüllen mich
Mit Glaubenslichtgewalt,
Ich will eratmen mir
Vertrauenslebekraft
Aus Seelenstrebenslust:
Daß den Geistesschläfer
Das Licht erwecken kann.

ASTRID:

Ich will verweben
Erhaltnes Offenbarungswort
Mit ergebner Seelenfreude.
Ich will verdichten
Die Hoffnungsstrahlen.
Es soll im Finstern leuchten,
Es soll im Lichte dämmern:
Daß den Geistesschläfer
Die Kräfte tragen können.

LUNA:

Ich will erwärmen Seelenlicht
Und will erhärten Liebekraft.
Sie sollen sich erkühnen,
Sie sollen sich erlösen
Und sich erhebend
Gewicht sich geben wollen:
Daß den Geistesschläfer
Verlassen Weltenlasten
Und ihn befreien kann
Der Seele Lichteslust.

(Es treten ein: Benedictus, Theodosius und Romanus.)

BENEDICTUS:

Berufen hab' ich euch, die ihr Gefährten
Mir seid im Suchen nach dem Geisteslicht,
Das zu den Menschenseelen strömen soll.
Ihr kennt der Seelensonne Wesenheit:
Sie leuchtet oft in vollster Mittagshelle
Und dringt in andern Zeiten dämmernd nur
In Seelentraumesnebel kraftlos ein.
Und oft muß sie den Finsternissen weichen.
Des Tempeldieners Geistesblick muß dringen
In Seelentiefen, welchen kraftvoll strahlet
Das Geisteslicht aus Weltenhöhenorten.
Er muß jedoch auch dunkle Ziele finden,
Die unbewußt in Seelenfinsternissen
Des Menschen Werdekräfte lenken wollen.
Die Geisteswesen, die der Menschenseele
Aus Weltenmächten Geistesnahrung spenden,
Sie sind im Weihetempel jetzt erschienen,
Zu lenken eines Mannes Seelenziel
Aus Geistesnacht ins Reich des Höhenlichts.
Er ist vom Wissensschlafe noch umfangen;
Doch schon erklangen ihm die Geistesrufe
In unbewußten Wesensuntergründen.
Was sie in seiner Seele Tiefen sprachen,
Wird bald zum Geistgehör auch dringen können.

THEODOSIUS:

Es konnte diese Seele sich bisher
Im Geisteslichte noch nicht wiederfinden,
Das durch die Sinnesoffenbarung strahlet
Und alles Erdenwerdens Sinn enthüllt.
Sie sah den Gottesgeist naturentblößt

Und gottentfremdet, was natürlich ist.
So mußte sie durch viele Erdenleben
Sich fremd dem Sinn des Daseins gegenüberstellen
Und konnte stets nur solche Leibeshüllen
Zum Werkzeug ihres Eigenwesens finden,
Die sie von Welt und Menschenwesen trennten.
Sie wird im Tempel sich die Kraft erwerben,
Das fremde Sein als eignes zu empfinden,
Und so sich auch die Macht gewinnen können,
Die aus Gedankenlabyrinthen führt
Und nach den Lebensquellen Wege weist.

BENEDICTUS:
Ein andrer Mann erstrebt des Tempels Licht;
Er wird erst künftig unsren Pforten nahen
Und diesen Weiheort betreten wollen.
Er hat gepflanzt in ernstem Forscherleben
Des Denkens Keime in die Seelengründe.
So mußte sie das Geisteslicht erreichen
Und außerhalb des Tempels reifen lassen.
Er konnte schauen, wie sein Erdendasein
Als Folge eines andern sich erweist,
Das er in langvergangner Zeit erlebt.
Er ist sich nun der Fehler jenes Lebens
Und ihrer Wirkung vollbewußt geworden.
Ihm fehlt die Kraft, die Pflichten zu erfüllen,
Die er durch Selbsterkenntnis fühlen kann.

ROMANUS:
Capesius soll durch des Tempels Kraft
Erkennen, wie in Einem Erdenleben
Der Mensch mit Pflichten sich beladen muß,
Die erst durch viele Lebenspilgerfahrten
In vollem Maße sich erfüllen lassen.

So wird er furchtlos sich gestehen können,
Daß seine Seele alter Fehler Wirkung
Noch durch die Todespforte tragen muß.
Er wird als Sieger sich bewähren können
Im Kampfe, der die Geistespforten öffnet,
Wenn er dem Wächter kühn ins Auge schaut,
Der vor des Geisterlandes Schwelle steht.
Es wird ihm dieser Hüter offenbaren,
Daß niemand zu den Lebenshöhen kommt,
Den furchtsam macht des Daseins Schicksalsbuch.
Er wird sich mutvoll zu der Einsicht wenden,
Daß Selbsterkenntnis Schmerzen zeugen muß,
Für die sie selbst nicht Trostesworte kennt.
Es wird der Wille ihm Genosse werden,
Der mutig sich der Zukunft übergibt
Und, durch der Hoffnung Kräftequell gestärkt,
Erkenntnisschmerzen sich entgegenstellt.

BENEDICTUS:

Ihr, meine Brüder, habt in dieser Stunde,
Als unsres Tempels treu ergebne Diener,
Die Wege euch in Weisheit vorgezeichnet,
Auf welchen ihr die beiden Geistessucher
Zu ihrer Seelen Zielen führen könnt.
Noch andres Werk verlangt des Tempels Dienst.
Ihr seht den Wunschgebieter uns zur Seite;
Er durfte diese Weihestatt betreten,
Weil ihm Johannes' Seele öffnen konnte
Die Pforten, die ihm sonst verschlossen sind.
Der Bruder, dem wir unsre Weihe gaben,
Ihm fehlt in diesen Zeiten noch die Kraft,
Den Worten mutig Widerstand zu leisten,
Die aus den Finsternissen sich erschaffen.
Ihm werden gute Kräfte erst erstarken,

Wenn sie am Gegensatz sich recht empfinden.
So wird er bald in unsrem Tempel wieder
Von Bruderliebe warm umfangen sein.
Doch muß sein Geistesschatz behütet werden,
Da er in Finsternisse tauchen will.
(Zu Lucifer sich wendend.)
An *dich* muß ich mich wenden, der nicht lange
Den Ort beherrschen darf, an dem er steht.
Es kann in dieser Zeit des Tempels Macht
Johannes' Seele dir noch nicht entreißen;
Doch wird sie künftig wieder unser sein,
Wenn unsrer Schwester Früchte reifen werden,
Die wir als Blüten schon erkennen können.
(Maria erscheint.)
Sie durfte im vergangnen Erdenleben
Erblicken, wie Johannes ihr verbunden.
Er folgte ihren Spuren schon in Tagen,
Da sie noch selbst sich widersetzen wollte
Dem Licht, dem sie nun voll ergeben ist.
Wenn Seelenbande sich so stark erweisen,
Daß sie des Geistes Wandlung überdauern,
Dann wird des Wunschgebieters Macht gewiß
An ihrer Festigkeit zerbrechen müssen.

LUCIFER:

Es mußte Benedictus' eigner Wille
Johannes' und Marias Seelen trennen.
Und wo sich Menschen voneinander sondern,
Da ist für meine Macht das Feld bereitet.
Ich forsche stets nach Seelensondersein,
Um freies Erdensein für Ewigkeiten
Von aller Weltenknechtschaft zu erlösen.
Marias Wesen hat im Mönchgewande
Die Seele von dem Vater abgewandt,

Die jetzt Johannes' Leibesform belebt.
Auch dies hat mir die Keime zubereitet,
Die ich zur Reife sicher bringen kann.

MARIA (an Lucifer gewendet):
Es gibt im Menschenwesen Liebequellen,
Zu denen deine Macht nicht dringen kann.
Sie öffnen sich, wenn alte Lebensfehler,
Die unbewußt der Mensch auf sich geladen,
In spätern Erdenleben mit dem Geist
Geschaut und durch den freien Opferwillen
In Lebenstaten umgewandelt werden,
Die wahrem Menschenheile Früchte bringen.
Mir haben Schicksalsmächte schenken wollen
Den Blick, dem Vorzeittage sichtbar sind;
Und auch die Zeichen sind mir schon gegeben,
Die mich den Opferwillen lenken lehren,
Daß Heil erwachse jenen Menschenseelen,
Mit deren Lebensfäden sich die meinen
Im Erdenwerden stets verbinden müssen.
Ich sah in ihrem frühern Erdenleibe
Johannes' Seele sich vom Vater wenden
Und sah die Mächte, die mich selbst getrieben,
Den Sohn dem Vaterherzen zu entfremden.
So steht mir jetzt der Vater gegenüber,
Mich mahnend an die alte Lebensschuld.
Er spricht in jenen Weltenworten deutlich,
Die sich in Lebenstaten Zeichen schaffen.
Was zwischen Sohn und Vater ich gestellt,
Erscheinen mußt' es, nur in andrer Form
In *diesem* Leben, das Johannes' Seele
Der meinen wieder eng verbunden hat.
In jenen Schmerzen, die ich tragen mußte,
Als ich Johannes von mir trennen sollte,

Erkenn' ich eigner Taten Schicksalsfolgen. –
Wenn meine Seele Treue halten kann
Dem Licht, das ihr die Geistesmächte spenden,
Wird sie sich Kräfte schaffen durch die Dienste,
Die sie Capesius vermag zu leisten
Auf seiner schweren Lebenspilgerfahrt.
Sie wird mit Kräften, die sie so erwirbt,
Gewiß Johannes' Stern auch dann erschauen,
Wenn er, von Wunschesfesseln abgelenkt,
Den Weg nicht wandelt, den das Licht bestrahlt.
Erkennen wird sie aus der Geistesschau,
Die sie geführt in ferne Erdentage,
Wie sie gestalten soll die Seelenbande
In *dieser* Zeit, so daß die Lebenskräfte,
Die aus der Dumpfheit sich bereitet haben,
Im Sinn des Menschenheiles weiter wirken.

BENEDICTUS:
Es formte sich in alten Erdentagen
Ein Knoten aus den Fäden,
Die Karma spinnt im Weltenwerden.
Ihm sind verwoben dreier Menschen Leben.
Es strahlet jetzt auf diesen Schicksalsknoten
Der Weihestätte hohes Geisteslicht.
An dich, Maria, muß ich mich jetzt wenden:
Von jenen Seelen bist nur du allein
In dieser Stunde an dem Opferorte.
Es möge dieses Licht in deinem Selbst
Die Kräfte heilerschaffend weiter wirken,
Die deine Lebensfäden einst den andern
Zum Lebensknoten fest verbunden haben.
Der Vater konnte in dem frühern Sein
Des Sohnes Herz nicht finden; doch jetzt wird
Der Geistessucher deines Freundes Selbst

Auf dessen Weg ins Geistesland begleiten.
Und dir erwächst die Pflicht, Johannes' Seele
Durch deine Kraft dem Lichte zu erhalten.
Wie du sie einst an dich gekettet hast,
So konnte sie dir nur in Dumpfheit folgen.
Du hast sie ihrer Freiheit überliefert,
Als sie im Wahn dir noch ergeben war.
Du sollst sie wiederfinden, da sie selbst
Sich ihre Eigenheit gewinnen will.
Wenn deine Seele Treue hält dem Licht,
Das dir des Geisteslandes Mächte spenden,
Dann wird Johannes' Seele nach der deinen
Auch in des Wunschgebieters Reichen dürsten
Und durch die Liebe, die sie dir verbindet,
Den Weg zum Höhenlichte wiederfinden.
Denn lebend dringt durch Licht und Finsternis
Ein Wesen, welches Geisteshöhen durfte
Aus eignen Seelentiefen wissend schauen.
Es hat geatmet aus den Weltenfernen
Die Luft, die für die Ewigkeit belebt – –
Und lebend alles Menschensein erhebt
Aus Seelengründen zu den Sonnenhöhen. – –

(Vorhang fällt.)